Les derniers jours de Stefan Zweig

DU MÊME AUTEUR

Les Mauvaises Pensées, JC Lattès, 1999 ; Pocket.
La Folle Histoire, JC Lattès, 2003 ; J'ai Lu.
La Consultation, JC Lattès, 2006 ; Pocket.
Albert Einstein, Gallimard-Folio, 2008.
Les derniers jours de Stefan Zweig, Flammarion, 2010 ; J'ai Lu.
La Légende des fils, Flammarion, 2011.

Laurent Seksik

Les derniers jours de Stefan Zweig

théâtre

Flammarion

ISBN : 978-2-0812-7196-8

À Jean-Michel et à Noa

Cette pièce a été créée le 27 septembre 2012 au Théâtre Antoine à Paris dans une mise en scène de Gérard Gelas, avec Patrick Timsit, Elsa Zylberstein, Jacky Nercessian, Bernadette Rollin et Gyselle Soares.

Personnages

STEFAN ZWEIG
LOTTE ZWEIG, *son épouse*
ERNST FEDER, *l'ancien directeur du* Berliner Tageblatt
MADAME BANFIELD, *la propriétaire*
ROSARIA, *la gouvernante*

Décor principal

L'appartement de Pétropolis. Une grande pièce donnant sur une véranda qui offre un paysage splendide en toile de fond. Dans la pièce, sur le côté, une table en bois entourée de chaises ; dans un coin, près de la véranda, un bureau de travail. Sur un côté de la scène, un fauteuil en cuir ; contre un mur, un buffet, sur lequel sont posés un poste de TSF, un gramophone, un téléphone. Contre l'autre mur, une petite bibliothèque.

Acte I

Scène 1

Stefan Zweig et Lotte dans la pièce. Un air léger au piano, un Rondeau de Mozart, se fait discrètement entendre. Le disque tourne sur le gramophone.
Lotte traverse la pièce pour se diriger vers la véranda. Elle regarde par la fenêtre. Stefan Zweig est immobile face à la bibliothèque. Une malle est déposée à ses pieds.

LOTTE

Cet endroit est magique !... Ces arbres, ces fleurs, ces montagnes ! Pétropolis, c'est encore plus beau que vous le disiez.

Stefan Zweig, silencieux, se baisse et plonge une main vers la malle, fouille l'intérieur et en tire un livre qu'il range sur un rayon à côté d'autres livres.

Lotte se retourne, vient à ses côtés, regarde la bibliothèque.

LOTTE

Avez-vous fini de déballer vos livres ?

STEFAN ZWEIG

Je crois qu'il en manque un.

LOTTE *(sur un ton d'énumération)*

Marie-Antoinette, Marie Stuart, Fouché, La Confusion des sentiments, Kleist… (elle se saisit du Kleist) tiens, je ne l'ai pas lu, le *Kleist, (elle le repose) … La Pitié dangereuse, Érasme, Brûlant Secret…*

STEFAN ZWEIG

Ça n'est pas les cinq mille ouvrages de la maison de Salzbourg mais ceux-là, au moins, ne partiront pas en fumée.

LOTTE

J'aurais tellement aimé connaître la maison de Salzbourg.

STEFAN ZWEIG

Tu y aurais été bien.

LOTTE

Avec vous je suis bien. À Londres j'étais bien, à Paris, à New York… Au Brésil, je serai bien.

STEFAN ZWEIG

Salzbourg… c'est autre chose. Il régnait…

LOTTE

La paix ?

STEFAN ZWEIG

Autre chose encore.

LOTTE

Une lumière ?… Un parfum ?

STEFAN ZWEIG

C'est cela, un parfum…

LOTTE

Dites, je veux savoir.

STEFAN ZWEIG

L'odeur de la maison de Salzbourg ?… Prends un livre…

Lotte se prête au jeu.

STEFAN ZWEIG

Inspire !

Lotte prend une lente et profonde inspiration.

STEFAN ZWEIG

Tu sens l'odeur de vieux cuir du canapé, le bois de cheminée... l'odeur des forêts qu'on ramenait du dehors... l'odeur de terre après l'averse.

LOTTE *(elle le regarde, ravie)*

Continuez, je suis avec vous dans le salon de la maison !

STEFAN ZWEIG *(il se saisit d'un autre ouvrage, hume les pages)*

Ce livre s'est imprégné de la fumée du cigare de Freud,... celui-là a l'arôme du whisky que buvait Joseph Roth.

LOTTE *(inspirant à pleins poumons, par-dessus son épaule, elle ferme les yeux)*

Ne vous arrêtez pas !

STEFAN ZWEIG *(désignant un autre ouvrage)*

Thomas Mann m'a donné ce livre au café Beethoven... Et Rilke, celui-là, sur une allée du Prater.

LOTTE *(elle plaque le livre contre sa poitrine)*
Continuez ! Je fais un tour en calèche sur le Ring avec vous. Je valse dans vos bras au palais Schönbrunn. Tout le monde nous regarde, ils n'ont d'yeux que pour nous. *(un temps)* Monsieur et Madame Zweig !

STEFAN ZWEIG *(désignant la bibliothèque)*
Tout est là. *(soudain plus sombre)* Entre ces quatre planches.

LOTTE
Venez à la fenêtre ! *(elle se dirige vers la véranda, il reste face à la bibliothèque)* L'air du dehors est si pur… là-bas, un colibri… *(elle se retourne vers lui, le fixe du regard)* Stefan, ici, nous serons heureux, n'est-ce pas ?

STEFAN ZWEIG *(demeurant face à la bibliothèque)*
Amok… c'est *Amok* qu'il manque.

Scène 2

La pièce est plongée dans la pénombre. Stefan Zweig écrit à son bureau. Lotte entre. Elle est en peignoir, l'air radieux.

LOTTE

J'ai dormi comme une enfant.

STEFAN ZWEIG *(la dévisageant)*

Tu es restée une enfant.

LOTTE

Je crois que j'ai fait un rêve. J'aimerais être comme vous, me souvenir de mes rêves… *(elle va vers la fenêtre et tire grand les rideaux)* Ne restez pas dans la pénombre. *(elle ouvre la fenêtre. On entend le chant des oiseaux. Elle inspire une grande bouffée d'oxygène)*

STEFAN ZWEIG

Ici, tu vas guérir ton asthme.

LOTTE

Jurez-moi de soigner votre bile noire, je vous promets de guérir mon asthme.

STEFAN ZWEIG

Ma bile noire !... Est-ce qu'on se refait à mon âge ?

LOTTE

Vous avez refait votre vie avec moi... *(un silence)* Vous vous êtes déjà remis au travail.

STEFAN ZWEIG

J'ai en tête un roman... une sorte de fresque. Je vais prouver à Thomas Mann, à Brecht, à Bernanos...

LOTTE *(elle se place derrière lui, l'enlace par les épaules)*

Vous n'avez rien à prouver ! Ni à Thomas Mann, ni au reste du monde. Vous êtes le plus grand d'entre tous...

STEFAN ZWEIG

C'est l'histoire d'une femme.

LOTTE

Une femme ?

STEFAN ZWEIG

Prénommée Clarissa.

LOTTE

Elle me ressemble ?

STEFAN ZWEIG

Tout l'inverse de toi. Elle vit dans le mensonge. Elle laisse son enfant se croire le fils d'un autre.

LOTTE *(soudain sombre)*

Oui, vous avez raison. Elle a un enfant, tout l'inverse de moi.

STEFAN ZWEIG

Tu ne vas pas revenir là-dessus.

LOTTE

Là-dessus ! ?

STEFAN ZWEIG

Tu voudrais un enfant… à notre époque ?

LOTTE

Je n'ai pas d'autre époque.

STEFAN ZWEIG

Un enfant, aujourd'hui ?

LOTTE

Je porterais le fils de Stefan Zweig.

STEFAN ZWEIG

Tu me supportes déjà.

LOTTE

Je porterais deux Zweig, trois même.

STEFAN ZWEIG

Je ne suis pas la bonne personne.

LOTTE

Vous êtes le meilleur des hommes.

STEFAN ZWEIG

Un père regarde vers l'avenir.

LOTTE

L'enfant verra par mes yeux.

STEFAN ZWEIG

Donner le jour… au milieu des ténèbres ?

LOTTE

Vous mentez !… Vous cherchez des excuses !… La seule chose qui vous importe c'est que votre postérité soit dans vos livres !

STEFAN ZWEIG

Un seul mot de ta bouche vaut plus que tous mes livres.

Un temps. Une femme d'une quarantaine d'années habillée à l'européenne, Madame Banfield, entre. Une jeune femme, métisse, l'accompagne.

MADAME BANFIELD

Alors, comment trouvez-vous la maison ? Évidemment, cela n'est pas le palais Hofburg.

LOTTE

C'est un endroit merveilleux !

STEFAN ZWEIG

Vous êtes notre bienfaitrice, Madame Banfield.

MADAME BANFIELD

C'est un tel honneur. Accueillir les Zweig ! On se souviendra du 34 Gonçalves Dias !... Mon seul regret est de pouvoir louer la maison pour seulement six mois.

STEFAN ZWEIG

Six mois, c'est une éternité.

LOTTE

Dans six mois, la guerre sera terminée ! Printemps 42, nous rentrons en Europe !

MADAME BANFIELD *(désignant la jeune femme)*

Je vous présente Rosaria, votre gouvernante. Rosaria est une cuisinière hors pair. Son seul défaut est qu'elle parle uniquement le portugais, Mais on m'a dit que monsieur Zweig parlait le portugais.

LOTTE

Mon mari parle couramment l'italien, l'anglais,... le français,... le portugais.

MADAME BANFIELD

Vous oubliez l'allemand.

STEFAN ZWEIG *(comme pour lui-même)*

Oubliez l'allemand.

MADAME BANFIELD

Ne dites pas ça, monsieur Zweig ! Vos livres sont en allemand. Ils sont inoubliables... Vous savez, au Brésil, chacun a un livre de vous dans sa bibliothèque. Et moi je les ai tous... Les nouvelles et les biographies. Mais je préfère les nouvelles. Les femmes sont plus sentimentales, vous savez... Je me suis toujours demandé comment un homme pouvait à ce point pénétrer le cœur des femmes... Dites, vous menez une enquête ?... Madame, vous êtes sa muse ?

LOTTE

Seulement sa secrétaire ! Et puis, je n'ai rien d'une héroïne... Stefan dit que je n'ai pas le sens du tragique.

STEFAN ZWEIG

C'est à prendre comme un compliment.

MADAME BANFIELD *(vers Stefan Zweig)*

Vous savez, j'ai l'impression d'avoir voyagé à vos côtés, à Vienne, à Monte-Carlo... Ne le répétez pas à mon mari si jamais vous le croisez... *(à voix basse)* vous faites battre mon cœur comme il ne bat jamais… *(plus déterminée)* Et puis il y a votre livre sur le Brésil. Quel hommage ! Vous êtes le héros de notre nation ! *(un temps)* Entre nous, n'écoutez pas les méchantes langues qui prétendent que vous avez donné une image folklorique de Rio, que vous avez caché la misère des favelas pour plaire à votre pays d'accueil et au président Vargas. *(elle se saisit d'un mouchoir dans son sac et le tend à Stefan Zweig)* Tenez, cher monsieur Zweig, auriez-vous la bonté de me faire une dédicace, là, sur ce mouchoir ? Cela sera la plus belle étoffe. *(comme un automate, Stefan Zweig saisit sa plume sur le bureau, la plonge dans l'encrier, signe lentement ; il est comme sonné. Madame Banfield reprend le mouchoir)* Mille fois merci… N'hésitez pas à téléphoner. Et surtout, ne laissez personne dire qu'avec ce livre vous avez vendu votre plume contre un visa. Vous n'êtes pas le propagandiste de notre président Vargas ! Vous êtes la bonté faite homme, vous êtes l'immense monsieur Zweig !

Madame Banfield quitte l'appartement. Rosaria reste. Stefan Zweig froisse le papier sur lequel il était en train d'écrire à son bureau. Un lourd silence s'installe.

LOTTE *(une gêne dans la voix)*

Tu vois, tu es aussi célèbre ici qu'à Vienne. Il va falloir que je me méfie aussi des Brésiliennes…

Rosaria court ramasser le papier par terre.

Scène 3

On sonne à la porte. Rosaria va ouvrir. Entre un homme, la cinquantaine, habillé à l'européenne, Ernst Feder. Stefan Zweig et Feder se tombent dans les bras. Ils vont s'asseoir ensuite.

STEFAN ZWEIG

Tu es donc là, c'est vrai !

FEDER

À deux pas de chez toi. Avoir quitté Berlin a du bon finalement.

STEFAN ZWEIG

La dernière fois que nous nous sommes vus…

FEDER

Le 16 février 1930 ! Au café Goethe sur l'Alexanderplatz. Tu m'as remis un article pour le *Berliner Tageblatt*. Une critique sur…

STEFAN ZWEIG

Le livre de Freud, *Malaise dans la civilisation*.

FEDER

Freud a disparu. La civilisation a disparu. Mais le malaise reste palpable.

STEFAN ZWEIG

J'aurai toujours du mal avec ton cynisme.

FEDER

J'ai perdu ma nationalité, mon travail, ma famille, la plupart de mes amis… Permets que je conserve mon cynisme…

STEFAN ZWEIG

Tu as appris pour Walter Benjamin ?

FEDER

Une fiole de véronal…

STEFAN ZWEIG

Et pour Erwin Rieger ?

FEDER

Erwin s'est suicidé ?

STEFAN ZWEIG

À New York. Le véronal.

FEDER

Le véronal devient notre spécialité. Après tout, la carpe farcie a fait son temps.

STEFAN ZWEIG

Il va m'en falloir, du temps, pour me refaire à ton humour.

FEDER

Ne t'inquiète pas. Je ne sais pas si le Reich est là pour mille ans, mais nous, nous avons quelques mois à tenir ici.

STEFAN ZWEIG

Tu as appris pour Ernst Weiss ?

FEDER

Tu ne vas pas faire la liste de nos amis disparus !

STEFAN ZWEIG

Dire que nous vivions à Vienne, à Berlin, l'Europe était notre jardin… et nous nous retrouvons au Brésil, au milieu de la jungle…

FEDER

Aujourd'hui c'est l'Europe, la jungle…

Un temps.

STEFAN ZWEIG

Je revois courir ta fille Gilda à Berlin, son cartable entre les bras, ses longues nattes.

FEDER

Gilda est devenue une jeune femme, la fiancée de cet imbécile de Franz Rosenthal !

STEFAN ZWEIG

Elle est ici, avec toi ?

FEDER

Franz n'a pas voulu partir. Il disait : « Moi, avec les nazis, j'ai un stratagème : ils brisent ma vitrine. Je refais la vitrine. Ils brisent ma vitrine. Je refais la vitrine… je les aurai à l'usure… » Son magasin entier est parti en fumée pendant la

Nuit de Cristal. Et maintenant, ils sont coincés dans la souricière... Enfin, un jour ou l'autre, Roosevelt va bien se décider à entrer en guerre. J'espère seulement que ce jour-là, Gilda sera encore des nôtres... Allez, parlons d'autre chose... Maintenant que j'ai le temps, je vais écrire mon premier livre... Ce sera inspiré de Robinson Crusoé... je serai Vendredi, perdu sur une île, au côté du grand Crusozweig... J'ai déjà le point d'orgue du livre : « Le jour où Zweig a souri »...

STEFAN ZWEIG

Tu ne me fais pas rire.

FEDER

Je serai le biographe du premier prix Nobel de littérature juif... bon, j'oublie Bergson. Mais Bergson ce n'est pas de la littérature, et Bergson a renié son judaïsme... Allez, commençons, raconte-moi ce sur quoi tu travailles.

STEFAN ZWEIG

Je viens de terminer une histoire... autour du jeu d'échecs.

FEDER

Bravo ! La terre est en train de s'embraser et tu parles de jeu d'échecs !

STEFAN ZWEIG

Il est question de la Gestapo.

FEDER

La Gestapo ! Tremble Adolf ! Zweig s'est engagé !

STEFAN ZWEIG *(en faisant mine de se lever)*

Ernst, je ne sais pas si j'aurai la force.

FEDER *(il le retient par le bras)*

Pardonne-moi… c'est ma façon d'exprimer ma joie de te revoir. J'ai l'impression d'avoir remonté dans le passé, on est assis tous les deux sur l'Alexanderplatz. Dans un moment, Gilda va arriver… Dis-moi ce que tu écris d'autre.

STEFAN ZWEIG

Je viens d'achever mes mémoires.

FEDER

Toi ! Une autobiographie ?

STEFAN ZWEIG

Il n'y aura rien de personnel. Qui ma vie pourrait-elle intéresser ?

FEDER

La terre entière !

STEFAN ZWEIG

La terre entière n'a que faire d'un écrivain neurasthénique nostalgique de café viennois… Non, ce sera le portrait d'une époque… je veux laisser… un souvenir de Freud, une trace de Klimt, une note de Gustav Mahler,… Ils nous ont anéantis. Je veux dire qui nous avons été, ce que nous avons fait…

FEDER

Tu as déjà le titre ?

STEFAN ZWEIG

Le Monde d'autrefois… Je dois donner le manuscrit à mon éditeur brésilien. Tu imagines ! Il va falloir traduire mon livre en portugais pour que je puisse être publié !… Est-ce qu'on est encore un écrivain quand on n'est plus lu dans sa langue ?

FEDER *(les mains vers le ciel)*

Y a-t-il une vie après la mort ? Et devrons-nous encore y porter l'étoile jaune ?... Allez, montre-moi le manuscrit !

Stefan Zweig se dirige jusqu'à son bureau, se saisit d'un paquet de feuilles, revient tendre le paquet à Feder. Feder soupèse le livre avec émerveillement

Je tiens entre les mains l'autobiographie de Stefan Zweig !... Permets que je lise... juste la première page. *(Feder ouvre à la première page et, l'émotion s'installant dans sa voix, lit)* « Je suis né en 1881 dans un grand et puissant empire, la monarchie des Habsbourg ; mais qu'on ne le cherche pas sur la carte, il a été effacé sans laisser de trace. J'ai été élevé à Vienne, la métropole deux fois millénaire, capitale de plusieurs nations, et il m'a fallu la quitter comme un criminel. »... Stefan, je ne suis pas certain que ton texte délivre le message d'espoir escompté.

STEFAN ZWEIG

Je ne délivre aucun message...

FEDER

Tu fais l'éloge de l'exil… Tu as fui Vienne pour Londres, Londres pour New York, New York pour Rio. *(un temps)* Et après, tu comptes aller sur la lune ?

On sonne à la porte.
Lotte entre dans la pièce, radieuse.

STEFAN ZWEIG

Lotte, je te présente notre nouveau voisin.

FEDER *(faisant le baisemain)*

Ravi, chère Madame, Ernst Feder… Mais vous pouvez aussi m'appeler Vendredi.

LOTTE

Vendredi ! ?

STEFAN ZWEIG

Ne fais pas attention…

LOTTE

Enchantée. Lotte… Deuxième Épouse de Monsieur l'Écrivain… *(vers Stefan Zweig)* Stefan, Madame Banfield m'a fait visiter la ville… C'est inouï ! On se croirait en Autriche. Le nom des quartiers, Westphalia, Rhenania… les enfants blonds au milieu des métis. Ernst, saviez-vous que Pétropolis avait été fondée par l'empereur Pedro pour sa femme, une Habsbourg ? L'empereur a fait venir pour elle des colons de Rhénanie… C'est beau, un homme amoureux.

FEDER

Stefan vous dédiera son prochain livre.

LOTTE *(vers Stefan Zweig)*

Oui ! Un livre de vous, mieux qu'une ville entière !

FEDER *(soudain plus grave)*

Tout de même, quelque chose doit clocher dans nos têtes. Nous avons trouvé le seul endroit du continent américain qui ressemble à l'Allemagne. *(vers Stefan Zweig)* Tu te souviens de la phrase de Heinrich Heine ?

STEFAN ZWEIG

« Quand je songe à l'Allemagne, la nuit, le sommeil me fuit »… Je n'en dors plus depuis dix ans.

LOTTE *(d'un ton léger)*

Madame Banfield m'a appris quelques mots de portugais : « Je veux aller » se dit « quero ir para ». « Faire des achats »... « fazer compras ». « C'est très cher », « muilto caro »... J'ai envie d'une robe « muilto caro ». *(elle éclate de rire)* Nous sommes entrés dans la boutique d'un tailleur, et... *(un peu gênée)* j'ai choisi quelques modèles... Stefan, en février prochain...

STEFAN ZWEIG

Nous sommes en septembre...

LOTTE *(ne relevant pas)*

Quand nous irons au carnaval de Rio, vous aurez à votre bras la plus belle des femmes.

FEDER

Chère Lotte, une requête... si vous croisez mon épouse, pas un mot sur votre tailleur...

Scène 4

Le soir. Stefan Zweig et Lotte, vêtus très élégamment, sont assis autour de la table où ils ont dîné. Une musique de valse résonne depuis le gramophone. La gouvernante dessert la table.

LOTTE

Vous regrettez d'être venu ici ? Peut-être aurions-nous pu rester à Londres ?

STEFAN ZWEIG

À Londres, on nous considérait comme des ennemis parce que nous étions allemands. Tu te souviens, sur nos passeports, « Alien Enemy ». Étrangers indésirables. Vermine en Allemagne, pestiférés en Angleterre ! J'en avais assez d'être l'ennemi du genre humain !

LOTTE

Vous l'humaniste !... *(un temps, plus douce)* Mais Londres... n'eut pas que des mauvais côtés...

Il lui prend la main.

STEFAN ZWEIG

Où t'aurais-je connue, sinon ?... Mais parfois, je me dis... Si tu n'étais pas entrée dans mon bureau à Londres, si tu n'avais pas postulé pour être ma secrétaire... Aujourd'hui, tu vivrais à New York, avec ton frère...

LOTTE

Que dites-vous ?

STEFAN ZWEIG

Ce jour de 34...

LOTTE

Le 20 mars.

STEFAN ZWEIG

Oui, ce jour-là... peut-être est-ce un jour maudit pour toi ?

Elle se lève.

LOTTE

Je ne veux pas que vous parliez ainsi !... Plus jamais, vous entendez ! Ce jour est le plus beau jour de ma vie. Vous n'avez pas le droit d'abîmer le plus beau jour d'une existence.

STEFAN ZWEIG

Pardonne-moi. Je me disais...

LOTTE

Ne dites rien !

STEFAN ZWEIG

La fuite, l'exil... Tu avais échappé au pire, tu avais quitté Katowice à temps... tu te retrouves seule, à côté d'un désespéré, au milieu de la jungle.

LOTTE

Vous ne savez pas ce que vous dites !... Vous êtes celui qui me protège. Vous avez su quand fuir l'Autriche et quand quitter l'Angleterre... Vous avez le don de deviner l'avenir.

STEFAN ZWEIG

Un don ! ?... j'ai l'impression que je perds la raison.

LOTTE

Il n'y a pas plus raisonnable que vous.

STEFAN ZWEIG

Lotte, la nuit…

LOTTE

Je sais, la nuit nous ne dormons pas. Moi, je manque d'air et vous, vous manquez d'espace.

STEFAN ZWEIG

C'est autre chose, Lotte… la nuit, je vois des êtres…

LOTTE

Tout le monde fait des rêves.

STEFAN ZWEIG

Écoute-moi : la nuit, je parle aux morts !

LOTTE

Ce sont les médicaments que vous prenez pour dormir, je vous ai dit que c'était trop.

STEFAN ZWEIG

Tu ne comprends donc pas ! Je parle aux morts !

LOTTE

Les morts parlent à tout le monde de nos jours. Nos morts sont partout. Le monde n'est plus qu'un grand cimetière juif.

STEFAN ZWEIG

Lotte, ils viennent me voir, ils m'interrogent. Je parle aux morts la nuit, Lotte… Je deviens fou, n'est-ce pas ?

LOTTE

Vous êtes dans le vrai. De nos jours, celui qui n'est pas fou a perdu la raison. C'est bien de parler aux morts, il faut leur parler. Dites-moi votre secret, je parlerai aux miens… *(un temps)* Parfois je me demande… Votre première femme, Friderike, elle… elle savait trouver les mots pour vous réconforter, n'est-ce pas ?… Madame Zweig vous manque, n'est-ce pas ?

STEFAN ZWEIG

Je te l'ai dit cent fois… Il n'y a qu'une Madame Zweig et c'est toi !

La gouvernante apporte un gâteau avec deux bougies.

ROSARIA *(fredonnant)*

Feliz aniversário… Feliz aniversário… Feliz aniversário… Feliz aniversário ! *(elle pose le gâteau sur la table)*

LOTTE

J'étais sûre que vous n'oublieriez pas. Deux ans de mariage, les noces de…

STEFAN ZWEIG

Souffle ! *(elle souffle. Rosaria applaudit)* Maintenant ferme les yeux. *(Lotte ferme les yeux)* Bon anniversaire.

Il tend une bague dans son boîtier ouvert. Elle ouvre les yeux, se saisit de la bague, la contemple.

LOTTE

Elle est splendide !… Vous avez raison, vous êtes fou ! *(elle baise sa main)* Vous souvenez-vous de l'adjoint au maire anglais qui nous a mariés à Bath, sa façon de prononcer votre nom ?

STEFAN ZWEIG *(les yeux dans les yeux)*

« Miss Lotte Altmann, do you want to take for husband mister Zouag ? »…

LOTTE *(avec émotion)*

Yes…

Il lui passe la bague au doigt.

LOTTE

Écoutez…

STEFAN ZWEIG

Quoi ?

LOTTE

La musique… Donnez-moi votre bras…

Elle l'invite à valser.

STEFAN ZWEIG

Il y a si longtemps que je n'ai pas dansé…

LOTTE

Rien qu'une valse, s'il vous plaît…

Ils se mettent à danser. Elle le regarde droit dans les yeux. Il baisse la tête puis affronte son regard.

LOTTE

Je danserai avec vous jusqu'à la nuit des temps !

Scène 5

La pièce est plongée dans la pénombre. Stefan Zweig est assis sur le fauteuil. Il lève la tête.

STEFAN ZWEIG

Joseph ? Toi, ici ?… Mais tu n'es pas… ?… Pourtant Friderike a été à ton enterr… *(se prenant la tête entre les mains)* Qu'est-ce que je raconte, je parle à Joseph Roth ! ? *(un temps)* … *(relevant la tête)* Dis, tu m'en veux de ne pas t'avoir accompagné à Paris jusqu'à ta dernière demeure ?… *(souriant)* Merci, je me sentais coupable *(un temps)* Si je me souviens de la rue de Tournon, si ? ! Combien de fois je t'y ai ramené ivre mort… *(se redressant)* Je parle à un mort ! Est-ce que je deviens fou ? Ou est-ce que, moi aussi, je suis m… *(il se pince le bras et relève la tête)* Oui, tu as raison, j'ai toujours été un peu fou… Je donnais le change avec mon côté raisonnable, mon côté allemand… *(un temps, plus ferme)* Oui, Joseph, je suis un écrivain de langue allemande !… Je me fiche de ce que pense Goebbels ?… Ah, c'est facile pour toi d'ironiser. Toi, tu as toujours été exemplaire. Tu as combattu. Tu es resté en Autriche jusqu'en 38. Toi, Joseph, tu es un brave !… Non, tu étais courageux même sans avoir bu, un brave, je te dis !… Moi, visionnaire ? Parce que je suis parti dès 34 ? Un fuyard, plutôt… Bien sûr que je me souviens de ce que répétait ma première femme : « Stefan souffre d'une psychose d'exil imaginaire. » Mon exil n'a rien d'imaginaire. Mais je parle à un mort, ça, c'est de la psychose !… Je parle à un ami ? Tu me rassures. *(un temps. Hésitant)* Joseph, est-ce que… je peux te poser une question ? Quelque chose qui m'obsède depuis longtemps déjà… Joseph, là où tu es… dans l'audelà… est-ce vrai ce que l'on dit… y a-t-il une sorte de… lumière ?…

La salle s'éclaire à peine. Puis Lotte entre dans la pièce, en chemise de nuit. Elle se frotte les yeux.

LOTTE

Vous m'avez appelée ?... Il me semble avoir entendu votre voix... *(Lotte appuie sur l'interrupteur)* Amour, il ne faut pas que vous restiez plongé dans le noir.

Acte II

Scène 1

Lotte est seule. Elle porte sa robe rouge et tournoie sur elle-même.

LOTTE

Qu'il était merveilleux cet homme ! « Max Wurberg, tailleur pour dames. » Ces paroles étaient comme un baume. « Madame, vous serez la plus belle femme du Carnaval de Rio. » Qu'il était charmant ! *(caressant ses hanches, effleurant ses seins)* « Regardez ces hanches, regardez ces seins. Vous êtes née pour porter cette robe. » Qu'il était délicieux ! « Chère Madame, j'ai habillé Marlène Dietrich pour l'avant-première de l'*Ange Bleu* à Berlin !… et bien vous êtes aussi belle que la diva. » Il faudrait qu'il n'y ait que des tailleurs pour dames. *(elle tournoie sur elle-même)* « Votre beauté est toute naturelle, Madame ? Madame Zweig ! Voulez-vous dire Madame Stefan Zweig ?…

Hier Marlène Dietrich, aujourd'hui Madame Zweig ! Dieu existe, et il est dans le schmatess !... » Je crois n'avoir jamais porté une robe pareille. « Madame Stefan Zweig ! Votre mari est le prince de la passion ! Cette robe fera de vous la plus belle princesse !... » *(tournoyant)* Je suis une princesse ! « Madame, je vous vois déjà tous les deux danser pieds nus sur le sable de Copacabana. » *(pouffant)* Moi, avec Stefan sur la plage de Copacabana ! Max Wurberg connaît bien les femmes, mais il ne comprend rien à mon homme. *(s'asseyant, soudain moins alerte)* Deux mois que nous sommes là et il n'a pas mis le nez dehors. Je pensais visiter Rio, monter au sommet du Pain de Sucre, voir le Corcovado. La rue Gonçalves Dias ! voilà l'unique programme des festivités ! Monsieur Max Wurberg, ce n'est pas demain que nous danserons sur la plage de Copacabana ! *(se levant, regardant vers le dehors)* Ces montagnes, cet endroit au milieu de nulle part. Ce calme absolu... « Madame Zweig, vous êtes la femme idéale, vous méritez le meilleur des hommes. » Le meilleur des hommes ! Avant, oui... il parcourait le monde, il rencontrait la terre entière, il s'adressait aux lecteurs... sans parler des lectrices. Toutes ces Madame Banfield ! « Monsieur Zweig, vous faites battre mon cœur comme il ne bat jamais !... » Oh, je hais les lectrices... Et la première plus que toutes les autres *(elle ouvre le tiroir du bureau, elle sort un paquet de lettres)* Dire qu'il n'a pas honte de conserver ses lettres ! Ici, sous mes yeux ! *(elle les prend une par une et lit)* Madame Friderike Zweig, 5 Alisson Street, Ossining USA. Une, deux, trois... huit ! Un roman entier... Et il ne les cache même pas. Et quand je lui ai fait la remarque... « Mais Lotte, de quoi as-tu peur ? Elle vit à Ossining. » J'ai peur d'une ombre qui s'appelle Friderike, plane au-dessus de nous, planait à Londres et à New York, et a réussi à se glisser jusque dans ce tiroir. Et il s'est offusqué que je fouille les tiroirs. Je fouille dans ton passé, et j'y trouve ta première femme ! « Mais c'est pour toi que j'ai quitté cette femme ! C'est elle qui devrait être jalouse, elle qui doit te détester ! »... Oh, Madame Friderike von Winternitz ne s'abaisserait pas à ça ! C'est la bonté faite femme, la sainteté incarnée... Un cœur d'or... Je suis sûre qu'elle m'a même pardonné de lui avoir pris son mari... Cette allure, ce port de tête, j'ai toujours l'impression qu'elle est derrière son épaule ! Et quand j'ai découvert les lettres... « Tu ne vas pas être jalouse de lettres ! Comment peut-on être jalouse de lettres ! ? » Oh, je sais, elle est ton aide-mémoire. Ton livre de souvenirs, et ton monde d'hier. Friderike se souvient de tout ! Friderike a tout vécu ! Avec elle, les palais impériaux, les violons des orchestres et les robes de tulle ! L'ouverture des bals et l'ivresse des danses. Palaces en Suisse, voyages en première, minutes immortelles. Et avec moi ? L'exil. Les désespoirs sans bornes, la fuite, toujours la fuite. Cabines en troisième classe, bungalows de fortune… À elle, la marche triomphante et le palais Hofburg. À moi, la bile noire, la prison de Pétropolis !… Laquelle de nous deux est la femme de sa vie ! ? *(elle se saisit des lettres)* Oh, il faudrait que je les brûle toutes ! Mais je ne le ferai pas. Je n'ai pas la force de caractère de Friderike Zweig. Je n'ai pas son courage ! C'est pour ça qu'il la préfère ! Qu'elle restera sa femme ! *(elle range les lettres dans le tiroir)* Il faut que j'aille me changer. Je vais froisser cette maudite robe.

Scène 2

Stefan Zweig et Feder sont assis autour d'une table, ils mettent en place un jeu d'échecs. Durant toute la scène ils vont échanger des pièces.

FEDER

Cette partie-là, si tu fais un effort, tu vas la gagner !

STEFAN ZWEIG

J'ai du mal à me concentrer. Je n'arrive même pas à écrire une page.

FEDER

Peut-être que tu as besoin d'encouragements... Peut-être que je suis trop critique envers toi ?

STEFAN ZWEIG

Essaie un compliment ! *(Feder réfléchit)* Ça n'a pas l'air facile... ?

FEDER *(après avoir poursuivi sa réflexion)*

Ce que j'aime... dans ton écriture... c'est... son côté freudien.

STEFAN ZWEIG

Freudien ! ?

FEDER

Eh bien, tu ne racontes pas une histoire. Tu... utilises un narrateur pour faire le récit qu'un tiers a tenu. Bon, tu n'as rien inventé. La technique du récit enchâssé, c'est Shéhérazade, mais tu portes cette technique à un tel niveau de perfection...

STEFAN ZWEIG *(souriant)*

Continue...

FEDER

J'aime le mystère autour du narrateur, cet homme dans l'ombre et qui ne juge pas... Toi, tu n'es pas le héros de tes romans, non... tu es dans cet être qui reçoit le récit des malheurs du monde.

STEFAN ZWEIG

Quoi d'autre ?

FEDER

Tu ne laisses aucune chance à tes personnages. Au premier échange de regards on les sent condamnés... les nazis sont l'incarnation du Mal, toi, tu personnifies le désastre. Tu es l'écrivain du désastre.

STEFAN ZWEIG

C'est cela, un compliment ?

FEDER *(sérieux)*

Tu as une écriture d'une incroyable... modernité...

STEFAN ZWEIG

Modernité ?

FEDER

Oui, quand je lis Hofmannsthal ou Werfel je vois... l'ombre de Goethe. Quand je te lis, je suis au cinéma... avec Fritz Lang, ou Max Ophuls... *(un temps)* Bon, assez de compliments.

STEFAN ZWEIG

Dommage.

FEDER

Sur quoi tu peines à avancer ?

STEFAN ZWEIG

Un essai sur Montaigne.

FEDER *(en déclamant)*

« Ne te préoccupe pas de l'Humanité en train de se détruire, construis ton propre monde. »

STEFAN ZWEIG

La Nuit de Cristal c'est notre Saint-Barthélemy… La peste sur l'Europe…

FEDER

Montaigne a fui Bordeaux comme toi Salzbourg… Tu as trouvé ton frère en destinée.

Un silence. Ils jouent.

FEDER

Si tu places ta tour ici, je vais manger ton fou.

STEFAN ZWEIG

J'aurai le plaisir de te mettre en échec.

FEDER

Ce n'est pas vraiment le but du jeu.

STEFAN ZWEIG

Juste pour la joie de prononcer une fois cette phrase.

FEDER *(affable)*

Je t'en prie.

STEFAN ZWEIG

Échec au roi !

FEDER

Tu as perdu ton fou.

STEFAN ZWEIG

Je t'ai mis en échec.

Un silence.

FEDER

Tu sais… je comprends que tu aies quitté l'Autriche si tôt.

STEFAN ZWEIG

Le premier des fuyards...

FEDER *(sans relever)*

Mais tu ne m'as jamais expliqué pourquoi tu avais quitté New York... New York, pour nous, c'est la Terre Promise !

STEFAN ZWEIG

New York n'est pas le paradis qu'on croit.

FEDER

Moi, je n'ai pas pu y aller. Ils n'ont pas voulu m'accorder de visa. Les Feder ne rentraient pas dans les quotas. Je ne sais plus dans quoi nous allons pouvoir entrer bientôt... *(un temps)* Mais toi, tu étais en Amérique !

STEFAN ZWEIG

Lotte étouffait au milieu des buildings. New York aggravait son asthme.

FEDER

Mais... il n'y avait pas qu'elle qui étouffait, n'est-ce pas ?

STEFAN ZWEIG

Si, Monsieur le Procureur. New York n'était pas un endroit pour moi non plus.

FEDER

New York est le paradis pour un écrivain en exil.

STEFAN ZWEIG

C'est l'idée que certains écrivains se font du paradis… Tu sors de chez toi, tu croises un autre écrivain en exil… Et sais-tu ce que se racontent ces deux écrivains en exil ?

FEDER

Des histoires juives ?

STEFAN ZWEIG

Oui, et celles du jour ne sont pas drôles.

FEDER

Ton problème… c'est que tu n'aimes pas vivre parmi tes semblables.

STEFAN ZWEIG

Et qui sont mes semblables ?

FEDER

Goebbels se trompe. Tes semblables ne sont pas les juifs.

STEFAN ZWEIG

Oui, Goebbels se trompe : les juifs ne sont pas tous semblables.

FEDER

Et les écrivains, les intellectuels ne sont pas tes semblables non plus.

STEFAN ZWEIG

Je ne suis pas un intellectuel.

FEDER

Et tu n'es pas Bertolt Brecht…

STEFAN ZWEIG

Pas communiste pour un sou.

FEDER

Tu n'es pas Thomas Mann…

STEFAN ZWEIG

Il n'y a qu'un Thomas Mann.

FEDER

Et tu n'es pas Einstein...

STEFAN ZWEIG

Ni génie, ni sioniste.

FEDER

Résumons : tu ne crois pas en Dieu, tu ne crois pas au socialisme, tu ne crois pas au sionisme, pas au communisme...

STEFAN ZWEIG

Je me sens européen ! Est-ce que je dois abjurer parce qu'Hitler en a décidé autrement ?

FEDER

Moi je te parle de liberté, de combat, d'idéal. Les écrivains doivent s'engager !

STEFAN ZWEIG

Qui a édicté cette loi ? Le Dieu des écrivains ? Thomas Mann ?

FEDER

L'époque veut ça !

STEFAN ZWEIG

Crois-tu que je suis de cette époque ?

FEDER

Comment veux-tu combattre alors ?

STEFAN ZWEIG

Qui t'a dit que je veux combattre ?

FEDER

Tu ne crois plus au présent, tu n'as plus foi en l'avenir ! Qu'est-ce qui peut te sauver ?

STEFAN ZWEIG

La littérature...

FEDER

La littérature a-t-elle déjà sauvé quelqu'un ?

STEFAN ZWEIG

Elle rend libre.

FEDER

Ta liberté, ce n'est pas l'infini, Stefan. C'est le néant... *(un temps)* Mais admettons. Admettons qu'il te reste la littérature, qu'il te reste tes mots. Quand tu ne trouveras plus les mots, qu'adviendra-t-il de toi ?

Stefan Zweig fixe le jeu d'échecs.

STEFAN ZWEIG *(d'un ton de victoire)*

Je place ma reine en C7 et je te dis : ÉCHEC ET MAT !

Lotte entre dans l'appartement.
Feder se lève.

LOTTE

Je ne vous fais pas fuir ?

FEDER

Non, nous avons terminé. Et ma femme m'attend... Elle a trouvé l'adresse de votre tailleur.

Feder sort. Un temps.

LOTTE

C'est bien d'avoir retrouvé un ami.

STEFAN ZWEIG

Un peu épuisant parfois.

LOTTE

Il a l'air de vous aimer beaucoup.

STEFAN ZWEIG

Et l'art de dissimuler ses sentiments.

LOTTE

Il vous remue, c'est tout. *(hésitante)* Ici, tout est si…

STEFAN ZWEIG

Si ?

LOTTE *(plus vive)*

Parfois je me demande si Rio n'aurait pas été mieux pour nous. Plus vivant. Plus joyeux.

STEFAN ZWEIG

Je ne cherche rien de joyeux.

LOTTE

Nous avons tous besoin de voir des gens.

STEFAN ZWEIG

Je ne te suffis plus ?

LOTTE

C'est juste qu'après Londres, après New York... On croirait que nous sommes venus nous enterrer au bout du monde.

STEFAN ZWEIG

C'est le monde qui nous a enterré.

LOTTE

Nous sommes bien vivants.

STEFAN ZWEIG

Enterrés vivants.

LOTTE

Je n'aime pas quand vous parlez ainsi. Promettez moi que nous irons à Rio bientôt... rappelez-vous que le président Vargas aimerait vous voir.

STEFAN ZWEIG *(allant s'asseoir à son bureau)*

Moi, j'aime ne voir personne !

Scène 3

On sonne. La gouvernante va ouvrir. Madame Banfield entre. Stefan Zweig assiste, muet, à la scène.

MADAME BANFIELD

J'ai la clé, mais j'ai préféré sonner… Après tout, c'est chez vous maintenant… À la poste, ils m'ont donné une pile de courrier pour vous. Je la pose là ?

LOTTE

S'il vous plaît.

Madame Banfield pose le paquet.

LOTTE

Chère Madame, puisque vous êtes là, je voulais solliciter… une faveur.

MADAME BANFIELD

Tout ce que vous voudrez !

LOTTE

Eh bien, pourriez-vous prolonger notre bail au-delà du mois de février 42 ? Vous savez, six mois c'est court. Aussitôt installés il faut partir. Nous allons encore nous retrouver à l'hôtel. Pour Stefan, ce n'est pas bien, tout ce remue-ménage.

MADAME BANFIELD

Hélas, Madame Zweig, en mars, nous avons la famille Rothenberg pour neuf mois. Et ensuite, les Blumenfeld pour un an. Mais si vous voulez... nous pouvons signer pour janvier 1944.

LOTTE

Janvier 44 !... J'espère que nous serons rentrés. *(un temps)* Nous prenons une option.

MADAME BANFIELD

Je le note, chère Madame... Et puis... moi aussi, j'avais une question à vous poser, mais... J'espère que vous n'allez pas vous vexer...

LOTTE

Pourquoi voulez-vous que l'on se vexe ?

MADAME BANFIELD

Il paraît que les gens comme vous sont un peu susceptibles.

LOTTE

Les gens comme nous ?

MADAME BANFIELD

Oui, je veux dire… les juifs. Vous êtes juifs, n'est-ce pas ?… Même si vous n'avez pas trop l'air.

LOTTE

C'est quoi, l'air juif ?

MADAME BANFIELD

Un drôle d'accent, de drôles de manières. Vous, vous ne faites pas de manières… Mais bon, je ne veux pas paraître ingrate. Depuis dix ans, vos familles débarquent par centaines, chaque semaine à Rio. L'appartement ne désemplit pas. Et ici, je n'ai eu que de bons exemples. Loyers payés en temps et en heure, remerciements à n'en plus finir. Finalement on se demande bien pourquoi Hitler n'a pas voulu de vous…

LOTTE

On se le demande…

MADAME BANFIELD

Moi, de toute façon, je ne fais pas de politique. Je laisse ça à mon mari… *(un silence)* … ah, voilà la question que je voulais vous poser : mon mari prétend que vous poussez notre président Vargas à entrer en guerre contre Hitler… ce n'est pas vrai, n'est-ce pas ?… C'est que, comprenez-moi, j'ai un fils, Roberto, qui a à peine dix-neuf ans, je ne veux absolument pas qu'on l'envoie à la guerre ! Hitler ne nous a rien fait. Pourquoi irait-on se battre contre lui ?… Je sais que monsieur Zweig a beaucoup d'influence, alors je me disais, autant en profiter… Mon Roberto, je ne tiens pas à ce qu'il aille perdre un bras pour des prunes, il saurait à peine situer Berlin sur une carte… Allez, assez parlé pour aujourd'hui. Demain je vous porterai aussi le courrier, comme ça nous pourrons discuter. J'aime bien discuter avec vous… Finalement vous n'êtes pas du tout susceptible. Au revoir... et puis, pour l'appartement, janvier 44. C'est comme si c'était fait.

Madame Banfield quitte la pièce. Stefan Zweig a un air défait. Lotte pose le courrier sur le bureau, le paquet recommandé tombe sur le sol. Lotte le ramasse. Elle va à la fenêtre et contemple dehors.

Scène 4

Après un temps, Lotte revient au milieu du salon.

LOTTE

Pourquoi n'ouvrez-vous pas votre courrier ?... Quelque chose ne va pas ?

STEFAN ZWEIG

Quelque chose va ?

Elle commence à prendre les lettres une à une. D'abord une grande enveloppe.

LOTTE

Regardez, cela vient de New York. *(à l'intérieur, une seconde enveloppe colorée)* Un paquet-cadeau ! C'est pour votre anniversaire. Soixante ans dans trois jours, vous n'avez pas oublié ?

STEFAN ZWEIG

Si seulement je pouvais…

LOTTE *(sortant un livre de l'enveloppe)*

Regardez, la reliure est en cuir ! « Stefan Zweig Grand européen ».

Stefan Zweig se saisit du livre et le feuillette.

STEFAN ZWEIG

Jules Romains a fait éditer un livre jubilaire. Je peux mourir en paix, ma nécrologie est publiée.

LOTTE *(sans relever)*

Allez-vous accepter que j'organise une petite soirée pour vos soixante ans ? Dites-moi oui, cette fois !

Lotte ouvre un autre courrier.

LOTTE *(retrouvant son enthousiasme)*

Une lettre de votre cher Martin du Gard ! *(elle feuillette)* Trois pages ! Cela va nous égayer pour une semaine… *(elle la pose)* … Quoi d'autre ?… Une enveloppe… de New York ! *(elle décachette. Elle lit)* « Mon cher Stefan… » *(son visage se ferme)* Celle-là, vous la lirez quand je serai partie.

STEFAN ZWEIG

Je t'ai dit que tu n'as pas à être jalouse de mon ex-femme !

LOTTE *(quittant la pièce)*

Je suis jalouse et vous n'y pouvez rien !

STEFAN ZWEIG *(il lit la lettre d'abord en silence, puis fort pour qu'elle entende)*

Friderike me donne des nouvelles des Werfel, Franz et Alma...

LOTTE *(criant depuis la chambre)*

La vie d'Alma Malher ne m'intéresse pas !

STEFAN ZWEIG

Friderike dit qu'elle a trouvé un travail à New York, dans le Bureau d'Entraide aux Réfugiés... Elle dit...

LOTTE *(depuis la chambre)*

Je me moque de ce qu'elle dit !

STEFAN ZWEIG *(poursuivant sa lecture)*

Reviens, tu vas être très heureuse de la suite.

Lotte reparaît.

LOTTE *(incrédule)*

Heureuse ?

STEFAN ZWEIG

Lis…

Lotte saisit la lettre à contre-cœur. Elle commence à lire à voix haute. Au fur et à mesure qu'elle lit, son visage s'enjoue, sa voix s'éclaire.

LOTTE

« Dis à cette chère Lotte que j'ai passé une journée avec sa nièce Eva. J'ai été la chercher ce dimanche au foyer de jeunes filles à Brooklyn. Nous avons passé un moment merveilleux. Nous avons marché sur les planches de Long Island et elle a pris son premier bain à Long Beach. Sachez, chère Lotte, que nous répéterons bientôt ces instants magiques. » *(Lotte repose la lettre. Son visage est apaisé)* Comment la détester ? Comment vous en vouloir ?

STEFAN ZWEIG

Il ne faut plus que tu t'emportes à cause d'elle… *(un temps)* Rappelle-toi. Sans toi, je ne serais plus de ce monde.

LOTTE

Ne dites pas ça.

STEFAN ZWEIG

Tu penses que je mens ?

LOTTE

Je vous crois…

Un silence.

STEFAN ZWEIG *(soudain éteint)*

Il faut excuser mes changements d'humeur.

LOTTE

Je vous pardonne tout.

STEFAN ZWEIG

Parfois, on dirait que la lumière ne pénètre plus dans mon esprit.

LOTTE

Il faut venir dehors.

STEFAN ZWEIG

Je n'entends même plus le chant des oiseaux.

LOTTE

On prend trop l'habitude.

STEFAN ZWEIG

Le jour, j'ai l'impression de ne plus pouvoir faire un pas… Et la nuit, je te l'ai dit, la nuit, je parle aux morts.

LOTTE

Maintenant vous me parlez. Et je suis bien vivante.

STEFAN ZWEIG

Mes amis sont dans la nasse hitlérienne… Je souffre et je n'ai pas le droit de souffrir.

LOTTE

Vous avez tous les droits.

STEFAN ZWEIG

Je me sens tellement coupable.

LOTTE

Ça, vous n'avez pas le droit !

STEFAN ZWEIG

Dans quelques jours, mes soixante ans… parfois je me demande si je n'ai pas fait mon temps.

LOTTE

Nous avons tout le temps. Vous allez recouvrer vos forces. Venez à la fenêtre, il fait si bon dehors. *(elle lui prend la main, l'entraîne vers la fenêtre ouverte. On entend le chant des oiseaux)* Vous entendez ?

STEFAN ZWEIG

J'ai un peu froid.

Il rentre. Lotte referme la fenêtre. Stefan Zweig va se rasseoir, commence à lire la lettre de trois pages de Martin du Gard.

Scène 5

La pièce est replongée dans la pénombre. Stefan Zweig est assis sur le fauteuil.

STEFAN ZWEIG

C'est vous ma mère ?... Vous aussi, vous êtes venue me voir ?... C'est bien que vous soyez là, j'avais tant de choses à vous dire... Eh bien, d'abord... je ne vous ai jamais dit combien je vous aimais... Et pourquoi ça ne se disait pas ?... C'est dommage de taire ces choses-là... Nous, des aristocrates, à Vienne ?... Nous avons fini comme des chiens... Moi aussi, je préfère ne pas parler du présent... Le petit pantalon noir ? Si je me rappelle ! Il me descendait sur les pieds tellement j'étais petit... Je nous revois avec Alfred vous regarder vous préparer depuis le grand couloir. Comme nous vous trouvions belle ! Comme nous aimions vous contempler...

Non, aucun reproche à vous faire… Simplement… ce qui nous faisait mal, c'est que nous ne dînions jamais ensemble. Nous allions avec les domestiques… Tenir notre rang ?… Enfin, à quoi bon refaire le passé ?… Un seul. Je regrette cette nuit de juin 1938. J'aurais dû essayer de rentrer à Vienne, malgré les risques… Et alors, j'aurais simplement rejoint tous mes amis à Dachau !… Que j'arrête de m'en vouloir ? Je serai toujours coupable de ne pas avoir pu fermer vos paupières… Je sais, votre regard est posé sur moi, pour toujours… Mais, si je puis me permettre, mère, pourquoi êtes-vous venue me voir ce soir ?… Que je récite le kaddish ?… Oui, je sais que notre Loi commande à un fils de prononcer la prière des morts aux disparus. Mais mère, je ne connais pas un mot du kaddish… non, ce n'est pas votre faute, moi non plus je ne voulais pas apprendre l'hébreu quand j'étais enfant. À l'époque, être juif, qui s'en souciait à Vienne ?… Que je répète après vous ?… Pourquoi pas, après tout, cela nous rappellera quand vous me faisiez réciter les poèmes de Heine… Je vous écoute… Itgadal… Veitkadach… Chemé… Rabo… La phrase tout entière ?… Itgadal veitkadach chemé rabo… J'ai toujours aimé quand vous me complimentiez… Déjà ? Restez encore un peu !… Retourner avec les nôtres ? Et moi, je ne suis pas des vôtres ?… Je suis votre petit ange, à jamais, pour l'éternité ? Oh, comme je vous aime, ma mère…

La scène devient sombre. Un long silence dans la pénombre. Lotte arrive en peignoir. Elle marche vite. Elle suffoque. Elle étouffe. Stefan Zweig se lève, allume la lumière, va vers elle.

STEFAN ZWEIG

Lotte, Lotte !

LOTTE

Ça y est, Stefan, le mal est revenu !

Il court vers la véranda, ouvre la fenêtre. Lotte continue à suffoquer. Il va chercher une serviette, vient éponger son front, va chercher le fauteuil, le lui tend. Elle s'assoit près de la fenêtre. Elle étouffe. Il se précipite vers le téléphone posé sur le buffet.

STEFAN ZWEIG

Je vais appeler un médecin. Madame Banfield m'a laissé le numéro du docteur… *(il ouvre un tiroir du buffet, fouille à l'intérieur)* Où diable l'ai-je mis ? *(il ouvre un autre tiroir. Lotte le regarde en suffoquant)* Le voilà ! *(il tire le papier, lis le numéro, s'empare du combiné)*

LOTTE *(suffoquant)*

N'appelez pas !... Je ne veux plus de docteur... plus de piqûres ni de drogues... Je ne veux pas revivre ce que j'ai vécu à New York !...

STEFAN ZWEIG

Tu as besoin d'un médecin !

LOTTE

Ils vont me conduire jusqu'à Rio, ils vont me laisser à l'hôpital, me séparer de vous.

Stefan Zweig décroche le téléphone... Après un temps.

STEFAN ZWEIG

Allo, Allo, eu quero ter o número...

Lotte s'est approchée dans son dos pendant qu'il parlait, elle raccroche d'un geste de la main.

LOTTE *(un peu moins essoufflée)*

Regardez, cela va déjà mieux. *(il la prend dans ses bras. Elle se blottit. Elle est encore un peu essoufflée)* Je ne veux plus de médecins. Je n'ai plus besoin de médecins. Je n'ai besoin que de vous.

Acte III

Scène 1

Quatre convives autour de la table. Ernst Feder et son épouse, Emma (de dos). À un bout de la table, Stefan Zweig ; à l'autre, Lotte.
Quelques échanges de propos et bruits de couverts durant un bref instant.
Stefan Zweig se lève, fait tinter son verre avec une cuillère pour demander le silence.

STEFAN ZWEIG

Cher Ernst, chère Emma, merci pour votre venue et pour votre cadeau. Une pensée également pour votre Gilda.

FEDER *(levant son verre)*

Lehaïm !

LOTTE *(levant son verre)*

À la vie !

STEFAN ZWEIG

Merci à toi, Lotte, d'être passée outre mes réticences et d'avoir organisé ce repas.

FEDER

Merci à toi de ne pas nous avoir renvoyés. On sait que tu n'aimes pas les surprises.

STEFAN ZWEIG

Ce que je n'aime pas, cher Ernst, ce sont les mauvaises surprises... Merci aussi d'avoir eu la délicatesse de ne pas prévoir de champagne, je le répète souvent...

FEDER

C'est l'âge qui veut ça.

STEFAN ZWEIG *(sans relever)*

... nous n'avons pas le droit de trinquer en ces heures.

FEDER

Tu aurais pu accepter une coupe... une goutte...

STEFAN ZWEIG

Dans un océan de souffrance... Merci aux présents et... une pensée pour les amis absents.

FEDER

Non, s'il te plaît... ne cite pas les absents !

STEFAN ZWEIG

Comme je n'aime pas les longs discours...

FEDER

Ah bon ?

STEFAN ZWEIG

... je vais vous lire mes remerciements sous la forme d'un extrait du poème que je viens d'écrire.

FEDER

Cela faisait longtemps que tu n'écrivais plus de poèmes.

Stefan Zweig chausse ses lunettes qui étaient posées sur la table, il prend dans sa poche une feuille un peu froissée qu'il déplie.

STEFAN ZWEIG

Cela s'intitule « Les remerciements du sexagénaire »…

FEDER

Le titre est original…

STEFAN ZWEIG *(sans relever, il lit d'une voix qui progressivement se voile, d'émotion)*

« Le pressentiment des ténèbres prochaines
N'effraie pas, il soulage !
Seul peut goûter la joie de contempler le monde
Celui qui ne désire plus rien
Qui ne demande plus où il est arrivé
Qui ne pleure plus ce qu'il a perdu
Et pour qui vieillir n'est que les prémices de son départ
Jamais la vue n'est plus étincelante et libre
Qu'à la lumière du couchant,
Jamais on n'aime plus sincèrement la vie,
Qu'à l'ombre du renoncement. »

Un silence de stupéfaction sur l'assistance. Stefan Zweig plie la feuille, la remet dans sa poche, ôte ses lunettes, se rassoit. Au même instant, Lotte se lève, brusquement, le visage défait, elle se précipite hors de la pièce, dans la chambre. L'assistance la regarde partir dans le plus grand silence.

FEDER

Il vaut peut-être mieux que tu continues d'écrire en prose… vu l'état dans lequel tes vers plongent tes proches…

Scène 2

Les convives sont partis. Lotte est assise sur le fauteuil, en larmes. Stefan Zweig est à genoux devant elle, il essuie ses larmes avec un mouchoir.

LOTTE

Ce poème… je ne veux pas, vous entendez !

STEFAN ZWEIG

Il ne faut pas prendre mes écrits à la lettre.

LOTTE

« Les prémices du départ, l'ombre du renoncement. » Je ne veux pas, vous comprenez !

STEFAN ZWEIG

Croyez-vous que j'aie vraiment le choix ?

LOTTE

Oui, vous avez le choix !

STEFAN ZWEIG

Je ne suis plus que l'ombre de moi-même.

LOTTE

Et vous parlez de rejoindre le royaume des ombres !

STEFAN ZWEIG

Tu peux comprendre, n'est-ce pas ?

LOTTE

Oui, même ça, je l'ai compris... Alors, ne m'abandonnez pas. Je n'ai que vous sur terre et nulle part où me rendre... Où que vous alliez, je veux être avec vous !

Un silence. Il la regarde fixement.

STEFAN ZWEIG

Tu sais ce que tu me demandes ?

LOTTE

Que croyez-vous ?

STEFAN ZWEIG

Tu me demandes l'impossible.

LOTTE

Oui, c'est cela que je veux.

Scène 3

Stefan Zweig est assis dans la pénombre.

STEFAN ZWEIG *(souriant)*

Tu n'es pas à New York ?... Non, je ne m'y attendais pas... Si, je suis content, surpris mais content. J'ai toujours été ravi de te voir... Alors tu es bien à New York, n'est-ce pas ? Toi, tu as toujours su t'adapter partout où nous allions. Ton tempérament si heureux, si fort... Oui, tout l'inverse de moi, c'est pour ça que nous étions bien assortis... Un couple exemplaire ?... Moque-toi, je sais que je n'ai pas toujours été un mari exemplaire... Mais nous avons vécu de belles choses, n'est-ce pas ? *(un temps)* ... Tout cela me paraît tellement irréel, tellement lointain... Oui, je sais, c'est ma vie qui est irréelle dans ce coin si lointain... *(un temps)* ... Non, je ne peux pas promettre ça ! Tu diras encore que je me suis parjuré… Bon, puisque tu insistes… Je te promets que je n'irais pas au-delà de Pétropolis, cela te va ?… Oui, « au nom de notre amour passé »… Ne me remercie pas… *(un temps)* Oh, si je m'en souviens de cette rencontre… À Vienne, à Riedhof, le 25 juillet 1912, pendant la réception de l'ambassadeur. Tu t'es assise à côté de moi, et tu m'as dit : « Monsieur Zweig, je m'appelle Friderike von Winternitz, vos écrits sont merveilleux, je suis sûre que vous allez devenir un immense écrivain ! » Quel culot tu avais !… *(plus sombre)* Tu imagines, cela fait trente ans… *(un temps)* … Déjà ? Mais nous avons à peine parlé ! Reste encore un peu… Que je te jure à nouveau… avant que tu ne partes ? Je t'ai fait tellement de promesses que je n'ai jamais tenues… Adieu Friderike…

Scène 4

Stefan Zweig écrit à son bureau. Feder arrive, tendu, nerveux. Il tient en main un journal dont la une annonce l'entrée en guerre des États-Unis.

FEDER

J'ai une bonne et des milliers de mauvaises nouvelles à t'annoncer… Je commence par la bonne. *(tendant le journal à Stefan Zweig)* Lis, mais ne te réjouis pas trop vite.

Stefan Zweig découvre la une du journal.

STEFAN ZWEIG

Enfin !

FEDER

Je t'ai dit : pas de réjouissances.

STEFAN ZWEIG

L'Amérique entre en guerre et je dois contenir ma joie ?

FEDER

Retrouve ta mine des mauvais jours. Et écoute. Écoute sans m'interrompre, parce que ce que je te dis est avéré, ceci, ce sont les faits.

STEFAN ZWEIG

Je t'écoute.

FEDER

Albert Seldmann m'a appelé ce matin depuis New York.

STEFAN ZWEIG

Seldmann… du Cercle des Exilés ?

FEDER *(du ton monocorde et froid du procès verbal)*

Je t'ai dit de ne pas m'interrompre… Voilà ce que Seldmann m'a raconté. Voilà les faits… Il y a un mois, le 4 novembre dernier, dans chaque ville d'Allemagne, on a rassemblé les juifs sur les grandes places. Chacun ne devait emporter qu'une valise à la main… Le 5 novembre, les juifs de Hambourg, de Francfort, et de Brême. Le 6, ceux de Berlin, et ceux de Vienne. Sur les grand-places de nos villes. Tous les habitants juifs de la ville. Les hommes, les femmes, les enfants, les vieillards… Les SS les ont conduits à pieds à travers les villes, jusqu'à la gare, sous les coups de crosses, la menace des chiens. Si un juif se rebellait, on l'abattait. Des Allemands regardaient passer depuis le trottoir, en scandant : « Mort aux juifs ! »… À la gare, les trains les attendaient. On les a fait monter dans les wagons. Les wagons étaient plombés. Les trains sont partis. Ils ont traversé l'Allemagne, la Pologne et la Biélorussie. Les trains ont fait halte à Minsk… Le 7 novembre, en prévision de l'arrivée des trains, le grand ghetto de Minsk a été vidé. En cinq jours, les dix mille juifs de Minsk ont été abattus pour laisser la place aux juifs du Reich. Le 10 novembre, le premier convoi d'Allemagne est arrivé avec les juifs de Hambourg. Le 13 novembre, le deuxième convoi avec ceux de Francfort. Le 18 novembre, un convoi a déversé les premiers juifs de Vienne, le même jour, dans l'après-midi, les juifs de Berlin… Voilà Stefan, les nouvelles du jour. Le Président Roosevelt est entré en guerre. Et ma fille Gilda a pris le train pour Minsk.

Stefan Zweig se lève et l'étreint.

Scène 5

Dans la pièce où Rosaria, la gouvernante, est seule, Lotte entre, plus joyeuse qu'elle n'a jamais paru.

LOTTE *(à Rosaria)*

Mon mari est sorti ? *(regard d'incompréhension de Rosaria)* J'oubliais, tu ne comprends pas un mot de ce que je te dis.

Lotte se met à parler par gestes. Elle se dessine avec les doigts, au-dessus de ses lèvres, une moustache, puis avec le plat de la main sur son front, une mèche de cheveux. Puis avec la bouche, elle fait une moue triste. Puis elle fronce les sourcils.

ROSARIA *(ravie)*

Sim o senhor Stefan !

LOTTE

Oui, senhor Stefan !

Lotte poursuit dans son langage des sourds, lève les mains vers le haut en signe d'interrogation. (« Où est-il ? ») La gouvernante fait signe avec les deux mains, une sur l'autre (signifiant « monsieur est sorti »).

LOTTE

Il est sorti, lui qui ne quitte jamais la maison… il n'est pas là quand je dois lui annoncer la grande nouvelle ! *(Rosaria regarde Lotte lui parler. Elle affiche un air ravi devant sa joie)* Rosaria, je te l'annonce à toi ! Aujourd'hui, 8 décembre 1941, est le jour le plus fameux de l'histoire : l'Amérique est entrée en guerre ! Rosaria, nous sommes sauvés ! Tu peux comprendre : sauvés ? *(Rosaria sourit)* Dans un mois, les Américains débarquent en France. Dans trois mois, ils franchissent le Rhin… Dans six mois, Berlin est tombée ! Dieu a entendu nos prières. Gloire à l'Éternel. Amen.

ROSARIA

Amen !

LOTTE

Gloire à l'Amérique qui tend la main aux damnés !

ROSARIA

Amen !

LOTTE

Gloire à Dieu qui va sauver les juifs d'Europe, amen !…

ROSARIA

Amen !

Lotte prend la gouvernante dans ses bras, elle danse avec elle.

LOTTE

Oh, comme on doit danser aujourd'hui, à Katowice, à Berlin et à Vienne ! Tous les juifs ont dû descendre dans la rue. Mon grand-père a dû soulever la Torah à Francfort et les enfants ont dansé autour de lui. Alleluia !

ROSARIA

Alleluia !

LOTTE

Notre calvaire est fini. *(elle cesse de danser)* ... Dans six mois, allez disons neuf... Décembre, janvier, février... *(elle compte sur ses doigts)* ... en juillet 1942, nous aurons gagné la guerre, Rosaria !...

ROSARIA

Alleluia !

LOTTE

Dans un an, nous sommes de retour en Autriche ! Tu imagines, oh, je me vois déjà marcher à côté de Stefan le long du Ring. Les journalistes nous attendent à la gare. Je vois les gros titres des journaux : « Monsieur et Madame Zweig sont arrivés à Vienne »... Nous montons ensemble les marches de l'Opéra ! Moi, Madame Lotte Zweig ! Et pas l'autre ! En Amérique, l'autre !... Gloire à l'Éternel qui a entendu les cris de nos martyrs ! Amen !

ROSARIA

Amen !

LOTTE

Rosaria, nous ne sommes plus seuls dans l'univers ! *(Stefan Zweig entre dans la pièce. Il a l'air accablé. Lotte va dans sa direction, avec entrain)* Vous avez appris la nouvelle ?

Stefan Zweig la regarde en silence. Il comprend. Il affecte un sourire de façade.

STEFAN ZWEIG *(sans enthousiasme)*

Oui… La bonne nouvelle.

LOTTE

C'est un moment unique dans notre histoire, dans l'histoire de l'Humanité !

STEFAN ZWEIG

Oui, un moment unique…

LOTTE

Vous n'avez pas l'air heureux…

STEFAN ZWEIG

Vous me connaissez…

LOTTE

Vous pouvez vous laisser aller cette fois… Vous qui connaissez l'Histoire, nous sommes sauvés, n'est-ce pas, l'Amérique va nous sauver ?

STEFAN ZWEIG

Oui…

LOTTE

Les nôtres, votre famille à Vienne, mon grand-père à Francfort…

STEFAN ZWEIG

Sauvés…

LOTTE

Tous les juifs d'Europe ?

STEFAN ZWEIG

Tous…

LOTTE

Alors, il faut bondir de joie, et remercier le Seigneur, n'est-ce pas ?

STEFAN ZWEIG

Oui, il faudra remercier le Seigneur.

LOTTE

Cette nouvelle me rend si heureuse ! Pour nous aussi, les choses vont changer… Vous imaginez, vous allez revenir à Vienne ! *(un temps)* Vous ne vous rendez pas compte !... Moi, je nous imagine déjà tous les deux au Burgtheater... Oh, il me tarde tellement !... Vous, vous n'êtes pas impatient de rentrer ?

STEFAN ZWEIG

Très.

LOTTE

La guerre est finie. Et vous êtes le plus grand écrivain d'Europe ! Bientôt, vous recevrez le Prix Nobel à Stockholm. Je viendrai avec vous, n'est-ce pas ?

STEFAN ZWEIG

T'ai-je déjà abandonnée ?

LOTTE

Nous irons à Paris, et à Berlin, vous me ferez découvrir Vienne. Oh, quel bonheur ! Sortons pour fêter la nouvelle. Dehors il fait splendide.

STEFAN ZWEIG

J'ai oublié mon panama chez Ernst. Je vais aller le récupérer.

LOTTE

Mais après… nous sortirons, dites ?

Stefan Zweig quitte la pièce sans répondre. Lotte reste stupéfaite. Elle a perdu son enthousiasme. La gouvernante revient. Elle fait mine avec ses bras de vouloir danser. Lotte détourne le regard.

LOTTE

Qu'il aille au diable ! Il est incapable de la moindre joie !… Oh, j'aurais dû rester à New York avec Eva, avec mon frère. Ils doivent célébrer ce jour. La 5e avenue doit être noire de monde. Nous sommes sauvés, mais lui !… Il est incapable de se réjouir… Il ne croit en rien… ni en Dieu ni en Roosevelt ! Je vis avec un prophète de malheur ! Maudit soit ce jour où je suis entrée dans son bureau de Londres ! Maudit soit le jour où j'ai rencontré Zweig !

Scène 6

Lotte et Stefan Zweig assis l'un près de l'autre. Sur le ton d'une calme résignation apaisée.

LOTTE

Vous pensiez que je n'étais pas capable d'entendre de telles horreurs ?... Vous me prenez pour une enfant ?

STEFAN ZWEIG

Je voulais te préserver. Ne pas gâcher ta joie.

LOTTE *(elle éclate d'un rire dissonant)*

Que vaut mon bonheur si je danse au milieu des ruines ?

STEFAN ZWEIG

Excuse-moi.

LOTTE

Vous passez votre temps à vous excuser. Vous savez, mon corps est habitué à souffrir. Mon corps est meurtri autant que votre âme. Croyez-vous qu'il y ait pire souffrance que d'étouffer ?

STEFAN ZWEIG

Je ne crois pas.

LOTTE

Eh bien vous vous trompez. Le plus grand des malheurs est de vous voir souffrir.

STEFAN ZWEIG

Excuse-moi si je souffre.

LOTTE *(souriant)*

Voyez, cela vous reprend.

STEFAN ZWEIG

Tu as raison de te moquer.

Lotte le regarde fixement, et avec gravité.

LOTTE

Vous êtes mon amour, le plus grand amour.

Il l'étreint.

Scène 7

Ernst Feder et Stefan Zweig autour de la table, buvant un verre.

FEDER

Lotte est sortie ?

STEFAN ZWEIG

Elle se repose dans la chambre. Encore une nuit terrible. Le médecin dit que l'asthme s'aggrave.

FEDER

Il faudrait aller à Rio. Je connais un excellent pneumologue.

STEFAN ZWEIG

Elle ne veut pas consulter à Rio.

Un temps.

FEDER *(il se saisit du livre posé sur la table)*
Tu relis Goethe ?

STEFAN ZWEIG

Son livre, *Wilhelm Meister*… Je n'arrive pas à comprendre que Thomas Mann ait parlé de chef-d'œuvre.

FEDER

Goethe est le modèle de Thomas Mann… toi, tu as choisi Kleist…

STEFAN ZWEIG

Kleist s'est imposé à moi.

FEDER

De là à faire de Kleist le plus grand poète allemand…

STEFAN ZWEIG

Et qui d'autre ?

FEDER

Si je peux me permettre… dans ton essai sur lui… tu as une façon de sublimer sa mort qui… me gêne.

STEFAN ZWEIG

C'est sa mort qui te gêne ?

FEDER

Ta manière de raconter son suicide… avec Henriette Vogel, sa seconde femme… cette fascination pour son geste… Kleist tire une balle dans le crâne de son épouse avant d'en loger une dans sa cervelle, et tu parles de geste sublime ! Rassure-moi : quand tu écris que sa mort est un chef-d'œuvre, c'est un effet de style ?

STEFAN ZWEIG *(récitant)*

« Mon âme est si meurtrie que quand je mets le nez à la fenêtre, la lumière du jour me fait presque mal. » Ce n'est pas Goethe qui aurait écrit ça.

FEDER *(hésitant)*

Excuse-moi d'insister…

STEFAN ZWEIG

Quoi d'autre ! ?

FEDER

Eh bien… la question me taraude depuis longtemps : est-ce que Lotte a… lu ton… *Kleist* ?

STEFAN ZWEIG

Si tu crois que je force Lotte à lire tous mes livres…

FEDER

Je dis cela… à cause… des concordances.

STEFAN ZWEIG

Des concordances ! ? *(après une brève réflexion)* … Ah, je vois, monsieur revêt son habit de procureur !… Des concordances ! Mais bien entendu, Kleist a quitté Marie sa première femme pour épouser Henriette, jeune et malade. Et moi, qui admire Kleist, j'ai quitté Friderike pour… tirer une balle dans la cervelle de Lotte ? Ce sont ces concordances dont tu parles ?… Mais quelle sorte d'ami es-tu ?

FEDER

La question m'intriguait, voilà tout…

STEFAN ZWEIG

Tu m'accuses de fomenter un meurtre !

FEDER

Pardon…

STEFAN ZWEIG

Je ne t'excuse pas !... Mais s'il faut encore me justifier, allons-y ! J'ai écrit le *Kleist* en 1925 ! Lotte était âgée de... quatorze ans ! Crois-tu que je sois un médium ? Ou bien que j'aie été chercher jusqu'à Londres une femme jeune et malade pour en faire mon Henriette Vogel, ma victime consentante ?... Pour quel diable d'homme me prends-tu ! ?... Et d'ailleurs – pourquoi ne pas te l'avouer ? –, non, Lotte n'a pas lu mon *Kleist* !... pas plus que le *Magellan* ou le *Fouché*... Et imaginons même qu'elle l'ait ouvert... Lotte ne voit pas le mal comme toi... Lotte est une âme pure... Maintenant, si tu le permets, je vais interrompre la séance d'interrogatoire. Tu permets que je sorte ? Ou bien veux-tu faire interner l'assassin en puissance ?

Stefan Zweig enfile une veste posée sur sa chaise, prend son panama sur le buffet.

FEDER

Accepte mes excuses...

STEFAN ZWEIG *(quittant l'appartement)*

Désolé, je n'accepte plus rien !

Feder, penaud, l'accompagne.
Rosaria rentre, débarrasse les verres, essuie la table. Quelques secondes plus tard, Lotte entre dans la pièce, elle semble effarée. Elle marche au milieu de la pièce.

ROSARIA

Que pasa, senhora, que pasa ?

Lotte ignorant Rosaria, se dirige vers la bibliothèque et cherche du regard dans les rayons avec frénésie.

LOTTE

Non, ce n'est pas possible !... Où cache-t-il le livre ? Dire qu'il m'avait expressément recommandé de ne pas lire son *Kleist*... « Oh, cela ne vaut rien ! »... Le menteur !... « Relisez plutôt *Brûlant Secret*... L'odieux personnage !... Pourquoi faut-il que je sois toujours aux ordres ? Que je sois si naïve et si sotte ! *(elle découvre le livre)* Ah, voilà le *Kleist* ! *(elle se saisit du livre)* Quels terribles aveux contient donc ce livre ! ? *(elle feuillette un instant, s'arrête sur une page, se met à lire à haute voix, lentement)* « Kleist rencontre une femme, une étrangère presque, une malade que la mort attend, dont le corps est rongé comme l'âme de Kleist l'est par la lassitude de la vie, incapable elle-même d'une forte résolution. » *(elle lève la tête)* Mais c'est de moi qu'il parle ! *(elle reprend sa lecture)* « Sa mélancolie le fait chercher une compagne pour mourir avec lui mais il attend dix ans avant de trouver quelqu'un. » *(elle relève la tête)* Mais il parle de lui ! *(elle replonge dans le livre)* « L'autre femme, condamnée, épouse d'économe, n'a rien été pour lui, elle qui dans la vraie vie eût été trop petite, trop douce, trop faible »… Non, ce n'est pas possible, voilà les… concordances… *(elle reprend, des sanglots dans la voix)* « Il a quitté Marie von Kleist, son amie intime, l'abandonnant à elle-même. » *(elle relève la tête)* Il a quitté Friderike von Winternitz… *(elle lit, les larmes aux yeux)* « Il a entraîné Henriette Vogel dans la mort. » *(elle relève la tête)* Il entraîne Lotte Altmann dans la mort. *(elle reprend en larmes)* « Ce cœur troublé a trouvé la paix. Il parvient à faire de sa souffrance un monument impérissable : il… *(elle éclate en sanglots)* tire une balle en plein cœur de sa compagne, il… s'en loge une autre dans la bouche. Sa… main n'a pas tremblé. Il a su mieux mourir que vivre. *(elle s'effondre en pleurs par terre)* Sa mort est un chef-d'œuvre. »

Rosaria intervient, lui essuie le front avec un mouchoir.

ROSARIA

Senhora, senhora…

LOTTE

Je ne veux pas mourir, Rosaria, je ne veux pas mourir ! *(ses sanglots se tarissent. Elle demeure dans un état d'hébétude. Elle est assise sur le sol, les yeux au loin. Rosaria lui apporte un verre d'eau. Elle le boit. Lentement, comme une automate, elle se lève. Rosaria s'affaire auprès d'elle)* Tout va bien, ma Rosaria, tout va bien. Ne t'en fais pas pour moi… *(comme pour elle)* Après tout, qui suis-je pour le juger ? Ce Kleist dont il parle si bien et lui ressemble tant. C'est son double. Il admire sa vie et il envie sa mort. Je dois aimer ce Kleist comme je l'aime, lui. Je dois me réjouir… Les concordances, n'est-ce pas la plus belle preuve d'amour ? En 1925… Il a parlé de moi avant de me connaître. Il a pensé à moi. C'est une immense fierté… Rosaria : je suis la femme qu'il attendait !… Si Kleist est son modèle, je veux être l'épouse de Kleist. Je veux être la dernière femme. Et tant pis si c'est pour aller vers un lieu sans retour. Je ne le laisserai pas seul, je l'accompagnerai. C'est mon premier amour, mon unique, le plus grand des amours. Je ferai la route avec lui, je le consolerai. Peut-être… peut-être n'y a-t-il pas assez de lumière ici-bas pour qu'il voie mon vrai visage. Mais là-haut nous aurons l'éternité pour nous. Il ouvrira les yeux, il m'aimera… Tant pis si je n'ai pas été la femme de sa vie. Moi, je serai sa compagne pour l'éternité !

Un temps. Stefan Zweig pénètre dans la pièce. Ils sont tous les deux à distance. Elle tient le livre dans sa main. Elle regarde Stefan Zweig fixement, ne fait pas un mouvement vers lui. Il traverse la pièce vers elle. Ils sont face à face. Elle lui tend le livre. Il s'en saisit. Il le fixe un court instant. Puis, tout en la regardant dans les yeux, il en déchire la couverture, il en déchire les pages. Les pages tombent à ses pieds. Il sort de la poche de sa veste un briquet. Il s'abaisse vers le sol. Il allume la flamme du briquet (s'y reprend à plusieurs fois), tente de brûler une page. Elle le tire par les épaules, il se laisse faire et attirer vers elle. Elle se saisit du briquet, s'en débarrasse.
Elle enlace Stefan Zweig – comme une mère son enfant.

Acte IV

Scène 1

Stefan Zweig est assis sur le fauteuil, il est apprêté pour sortir, vêtu d'un costume blanc, couvert de son panama. Feder, lui aussi en costume clair, tourne en rond devant lui. On entend depuis l'extérieur un coup de klaxon.

FEDER

C'est bien que tu aies tenu ta promesse de nous accompagner à Rio.

STEFAN ZWEIG

Et pourtant, je ne suis pas d'humeur à fêter le carnaval.

FEDER

Tu ne regretteras pas. C'est un moment magique. Tout un peuple en liesse.

STEFAN ZWEIG

Je connais les peuples en liesse.

Un coup de klaxon résonne à nouveau.

FEDER

Ma femme s'impatiente dans la voiture… Lotte est bientôt prête ?

STEFAN ZWEIG

Ne la presse pas. Elle se fait une telle joie de cet événement.

FEDER

Quel rapport entre le fait d'être en joie et le fait d'être en retard ?

STEFAN ZWEIG

Tu arrives encore à me faire rire… Quel est le programme des festivités auxquelles je suis contraint d'assister ?

FEDER

Défilé carnavalesque sur l'Avenida Central. Sarabandes, déguisements, danses, foule des Cariocas, musique…

STEFAN ZWEIG

Un défilé, des chars… tout ce dont je raffole…

FEDER

Ce n'est pas une marche aux flambeaux, et on ne brûlera pas de livres.

STEFAN ZWEIG

Puisque tu le dis…

FEDER

Ensuite, le grand bal, au Teatro Municipal avec l'orchestre de Ray Ventura…

STEFAN ZWEIG

Je n'ai pas le cœur à danser.

FEDER

Moi, je reprends espoir. Stalingrad tient. Singapour tient. Et les Américains lancent leurs forces dans la bataille.

STEFAN ZWEIG

Les forces américaines contre celles du Reich… Enfin, tu as raison, tant que les Anglais tiennent Singapour…

FEDER

Deux cent mille Britanniques contre cinquante mille Japonais. Et tu crois que Singapour peut tomber ! ?

STEFAN ZWEIG

Je ne crois plus en rien. Mais si Singapour tombe, les Japonais et les Allemands font leur jonction… Ernst, nous perdons Singapour et nous perdons la guerre !

FEDER

Toujours ton incorrigible optimisme…

STEFAN ZWEIG

Friderike me disait fou quand je prédisais l'annexion de l'Autriche… Je te le répète, Ernst, si les Japonais entrent dans Singapour…

FEDER *(ouvrant de grands yeux vers la porte)*

Regarde plutôt qui entre dans la pièce !

Lotte, vêtue de sa robe rouge, paraît, resplendissante. Elle marche comme défile un mannequin, face aux deux hommes bouche bée.

LOTTE

Comment me trouvez-vous ?

FEDER

Vous êtes splendide !

STEFAN ZWEIG *(se levant)*

Je vais avoir l'air d'un père conduisant sa fille.

Lotte le prend par le bras.

LOTTE

Vous serez un mari jalousé par les Cariocas.

Un coup de klaxon se fait à nouveau entendre.

FEDER *(quittant la pièce)*

Je vais faire patienter ma femme…

Stefan Zweig et Lotte restent un temps, silencieux, tous les deux, l'un en face de l'autre.

LOTTE

Si vous saviez combien je suis heureuse… *(il la contemple avec ravissement. Coup de klaxon)* Allons profiter de la vie !

Ils sortent.

Scène 2

Une luxueuse chambre d'hôtel dont la fenêtre grande ouverte donne sur la rue d'où résonne, dans la nuit, une musique endiablée de samba, reprise par une foule, sous un martèlement de tambours et de maracas. Lotte, dans sa robe rouge moins apprêtée, un peu froissée, est à la fenêtre, regardant le spectacle. Stefan Zweig porte une chemise blanche, son pantalon de costume. Il s'évertue, en vain, à faire fonctionner une TSF posée sur une commode et dont il ne tire, selon là où il tourne le bouton, qu'un bruit sourd et grésillant ou des musiques de samba.

LOTTE *(contemplant au dehors)*

On croirait que la foule s'étire jusqu'à l'océan. La fête va durer jusqu'à l'aube.

STEFAN ZWEIG *(regardant sa montre)*

L'aube est pour dans deux heures.

LOTTE

Alors nous sommes Mardi Gras… *(elle se penche à la fenêtre)* Venez voir ce char extraordinaire… les femmes à moitié nues… les hommes sont d'une beauté incroyable ! *(elle se retourne vers lui, le regarde en train de tourner les boutons)* Vous espérez capter les nouvelles à trois heures du matin ? *(elle va jusqu'à lui)* Vous pensez que l'Allemagne va capituler cette nuit ? *(à cet instant, le point où il arrête le bouton de la TSF produit un son de voix allemande un peu brouillée mais vociférante. Elle éteint la TSF)* Vous aurez tout le temps d'écouter ça ! *(il lève un regard surpris sur elle)* Cette nuit n'est-elle pas fabuleuse ? *(il acquiesce)* La plus belle de mon existence. Et cette soirée magnifique au Copacabana… *(la musique venant du dehors se met à enfler)* Je suis sûre que vous pourriez faire quelques pas de samba !

STEFAN ZWEIG *(souriant)*

N'en demande pas trop.

LOTTE *(esquissant un mouvement de danse)*

Mais si… Faites comme moi… Il suffit de mettre un pied devant l'autre… de remuer un peu les bras… *(elle tourne autour de lui, se saisit d'un de ses bras puis de l'autre. Il se laisse faire de bonne grâce)* Bon, vous manquez d'un peu…

STEFAN ZWEIG

De souplesse ?

LOTTE

D'entraînement… *(elle le saisit par les deux mains, dans la position de la valse)* Bon, j'admets, vous ne serez jamais le prince de la samba. Votre danse à vous, c'est la valse. Votre royaume, c'est Vienne. *(elle esquisse quelques pas de valse avec lui. Il se laisse faire de mauvaise grâce)* Je crois que j'ai trop bu… Promettez-moi que nous passerons encore d'autres nuits comme celle-là.

STEFAN ZWEIG *(entrant vraiment dans la danse)*

Je te promets. *(elle sourit aux anges. Il se décrispe totalement)* J'aime te voir sourire.

LOTTE

C'est la vie qui nous sourit. *(ils ne cessent de danser)* Ce carnaval à Rio, cette nuit enchanteresse. Pensiez-vous vivre cela un jour ?

STEFAN ZWEIG

Jamais.

LOTTE

Nous aurons tout vécu… Mais, savez-vous, il y a quelque chose que je n'aurai jamais entendu… Quelque chose d'essentiel à mon existence.

STEFAN ZWEIG

Dis-moi.

LOTTE

Vous ne voyez pas ? Faites un effort.

STEFAN ZWEIG

Mets-moi sur la voie.

LOTTE

Quelque chose qui me manque.

STEFAN ZWEIG

Un semblant de luxe ?

LOTTE

Je me moque du luxe !

STEFAN ZWEIG

Un endroit… à soi ?

LOTTE

Là où vous posez le regard, c'est chez moi… Alors devinez… devinez ce qui fait que mon bonheur est un bonheur presque parfait.

STEFAN ZWEIG

Quelque chose que je dois faire ?

LOTTE

Quelque chose que vous pourriez dire.

STEFAN ZWEIG

Que je n'ai jamais dit ?

LOTTE

Pas à moi, en tout cas… Juste trois mots, entre vos lèvres. *(il interrompt la danse. Il murmure quelque chose à son oreille. Elle relève doucement le visage en arrière)* Je n'ai rien entendu.

STEFAN ZWEIG *(regardant Lotte dans les yeux, solennel)*

Je t'aime.

LOTTE *(elle se fond entre ses bras)*

Maintenant j'ai tout connu !

Scène 3

La chambre d'hôtel, au matin. On entend toujours en bruit de fond une musique de samba. Stefan Zweig, habillé, simplement, et moins élégamment que la veille, l'air sombre, est en train de boucler sa valise. Lotte entre dans la pièce, en chemise de nuit – elle sort à peine du sommeil.

LOTTE *(se frottant les paupières)*

Que fais-tu ?

STEFAN ZWEIG

Nous rentrons.

LOTTE

Comment ça, nous rentrons ? Mais nous devions rester durant toute la fête…

STEFAN ZWEIG

La fête est finie… *(il se saisit d'un journal posé sur la commode. Il montre la une qui annonce en gros titre « Singapour est tombé ! »)* Singapour est tombé !

Lotte contemple le journal, silencieuse, hébétée.

LOTTE

Mais vous m'aviez promis…

STEFAN ZWEIG

Tu ne comprends donc pas ?

LOTTE

Si… Singapour est tombé… Mais… il nous reste deux jours.

STEFAN ZWEIG

Non, tu n'as pas compris. Nous avons perdu la guerre, Lotte ! Dans six mois, la Wehrmacht marchera dans les rues de Rio.

LOTTE

Cela n'est pas possible !

STEFAN ZWEIG

Pas possible ? Vider Vienne de ses juifs était-il possible ? Lotte, après Singapour, ce sera Stalingrad, et après Stalingrad, ils raseront Londres, et après Londres…

LOTTE *(portant ses mains sur ses oreilles)*

Arrêtez ! Arrêtez !

STEFAN ZWEIG

Eux, rien ne les arrête.

LOTTE

Je ne peux pas vous croire. Et si… si les… Américains reprenaient le dessus… Si… si les Russes contre-attaquaient… !

STEFAN ZWEIG

Et si Dieu ouvrait les portes du grand Ghetto de Minsk ?

LOTTE *(abasourdie)*

Alors… c'est… terminé ?

STEFAN ZWEIG

Hélas, mon amie.

LOTTE *(hésitante)*

Et si… et si vous vous trompiez ?

STEFAN ZWEIG

Je préférerais tellement.

LOTTE

Alors… qu'allons-nous faire ?

STEFAN ZWEIG

Que crois-tu qu'il reste à faire ?

Scène 4

L'appartement de Pétropolis de jour, sous une lumière grise. Lotte est seule, un châle sur la tête, face à deux bougies sur un boudoir. Une bougie est déjà allumée. Lotte craque une allumette pour la seconde, en vain. Elle en craque plusieurs. Elle s'interrompt. Elle fond en sanglots. Elle se reprend.

LOTTE *(les yeux et les mains au ciel, comme pour une prière)*

Mon Dieu, donne-moi la force de suivre celui que j'aime. *(elle craque une autre allumette qui s'enflamme. Elle allume la seconde bougie)* Merci Seigneur. *(elle agite délicatement les doigts vers les flammes. Des sanglots dans la gorge)* Mon Dieu, Éternel qui fut la lumière de nos pères, pardonne l'acte que je vais commettre. Fais que mon frère

Manfried ne me juge pas, que mon fantôme ne vienne jamais hanter les nuits de ma nièce Eva. Ô Miséricordieux, accorde Ta clémence. Ne me condamne pas à l'errance éternelle. Permets que je retrouve les miens, que j'aille au lieu où repose mon père, dans l'immense charnier où tout mon peuple brûle. Permets-moi de ne pas reculer lors du dernier instant. Fais que je ne fuie pas. Toi qui es Tout-Puissant, donne-moi le courage d'accompagner l'homme que je chéris jusqu'au bout du voyage. Seigneur, fais que ma main ne tremble pas à l'instant de saisir la fiole. Fais que mes lèvres s'ouvrent. Étouffe mes sanglots et apaise mon âme. Fais que je ne pleure pas, Éternel en qui je crois, Toi qui détournes le regard quand les femmes de Minsk meurent leurs enfants dans les bras. Ferme donc les yeux à l'instant où j'accomplirai ce geste sacrilège. Rends-moi forte, Toi qui m'as faite si fragile et si frêle et chétive et malade. Sèche mes larmes au dernier instant. Que j'offre à l'être aimé un visage charmant. Que le dernier regard qu'il posera sur moi soit un regard aimant. Que je marche sans crainte vers Ta lumière. Et que j'éclaire sa route vers ces lieux infinis. Guide-moi dans l'abîme glacial où nulle vie ne résiste, où l'air vient à manquer. Je connais la douleur quand l'air vient à manquer. Fais qu'aucune voix ne crie au fond de moi, qu'aucun regret ne me retienne. J'ai déjà vécu tous les temps de douleur, les temps de l'amertume et les temps de la fuite, les temps de la disgrâce et les temps des chagrins. Permets-moi de faire le chemin avec lui, laisse-moi consoler sa douleur et consoler sa peine. Je sais, son cœur est inaccessible en ce monde-là. Mais mon amour est plus grand que l'infini. Mon amour règnera sur l'empire des ombres. Seigneur, laisse-moi rejoindre Ton royaume. Exauce cette dernière prière : je n'ai pas été la femme de sa vie ; que je sois sa compagne pour l'éternité.

ROSARIA *(arrivant dans son dos, légère)*

Alleluia… Alleluia !

Lotte essuie ses larmes, ôte son châle, souffle les bougies, comme honteuse, et se retourne.

LOTTE

Que fais-tu là ?

ROSARIA *(rieuse)*

Alleluia !

LOTTE

Tu ne comprends pas. Quelle importance ? Tu auras de nouveaux maîtres dans deux jours.

ROSARIA

Madame vai para o mercado ?

LOTTE

Non, Rosaria, je n'irai plus au marché. Peux-tu comprendre ça ?… Tu ne peux pas comprendre. Sais-tu qu'il y a la guerre, Rosaria ? Sais-tu qu'on nous pourchasse et qu'on nous extermine ? Sais-tu qu'on va mourir parce qu'on nous extermine ?... Demain soir, tu admireras le coucher du soleil. Tu t'enivreras du parfum des jardins. Moi, je ne sentirai plus rien, je ne verrai plus rien. Ni le vert des forêts, ni le pur bleu du ciel. J'aimais la vie, tu sais, j'aimais le bleu du ciel. Je vais à reculons vers où je dois aller. J'ai tant besoin de vivre… Tu pourrais me sauver. Oh, oui, tends-moi la main ! Dis quelque chose dans ta langue, je croirai que tu me demandes de te suivre. Dis-moi… de fuir l'appartement, fuir la rua Gonçalves Dias, conduis-moi à Rio. *(elle tend sa main)* Aide-moi, Rosaria, ne m'abandonne pas. Il n'y a plus que toi. Aucune autre personne ne me verra vivante. Aide-moi, Rosaria ! Demain, tu me découvriras immobile et muette. Demain il sera trop tard. Le crois-tu Rosaria ? Demain, je serai morte. Aide-moi ! Tu es mon seul, mon ultime secours. L'être que j'aime a fait le vide autour de moi. Il m'a conduite au bout du monde, il va me mener dans l'abîme. Délivre-moi de lui ! J'ai encore envie de contempler la baie de Rio, je rêve de revoir le Corcovado. J'ai la vie devant moi. J'aurai… pardonne-moi, Seigneur… j'aurai d'autres amants, j'attendrai… j'attendrai un enfant au lieu de ma fin proche. Prends ma main, Rosaria. Préserve-moi de l'homme que j'aime. Implore-moi de fuir. Je souscrirai à ta demande. J'irai au fond des favelas. Je traverserai l'Amazonie. Je prendrai l'avion, j'irai vivre à New York. N'ai-je pas le droit de vivre ? Quel crime ai-je commis ? De quoi suis-je coupable ?… Sauve-moi Rosaria !

Rosaria sourit. Elle se saisit de sa veste sur une chaise, l'endosse, elle prend son panier, rempli de fruits, sur le sol. Elle vient auprès de Lotte, l'embrasse, desserre l'étreinte, lui fait au revoir d'un geste.

ROSARIA

O brigado, senhora. Amanhã.

LOTTE

Non, pas à demain, Rosaria. Pas à demain. À… dieu !

Scène 5

Dans la pénombre. Stefan Zweig apparaît debout, seul.

STEFAN ZWEIG

J'ai entendu des voix. Est-ce que quelqu'un m'appelle ? *(il marche de long en large, tournant la tête)* Maman ?... Est-ce que c'est toi ? Tu es revenue me voir ?... C'est bien d'être venue, ton fils est au plus mal... C'est toi ? Non... Tu parlerais si c'était toi. Tu ne me ferais pas languir. Je me languis tellement de toi... Mais c'est mieux ainsi, reste dans ta demeure. Reste où tu es, ma mère. Mieux vaut que tu ne voies pas ce que ton fils devient, ce qu'il va accomplir. Les mois passés ici ont fait de moi une ombre. Maintenant même les morts renoncent à me voir. Je me parle à moi-même. Je deviens fou, ma mère. Tu m'as donné le jour, je vais vers la nuit. Ma mère, je deviens fou. Éloigne-toi de ton fils, j'ai trop honte de moi. *(il s'assoit sur le fauteuil. Un temps)* Joseph ? *(il se relève)* Alors c'est toi, cher Roth ? Tu viens me consoler ? Tu comprendras mon geste, toi, mon cher ami. Oh, comme j'aimerais le croire ! Toi tu peux me dire si j'ai raison, ou si c'est l'acte d'un dément que je m'en vais commettre ? Pourrais-tu me répondre ? Un seul signe de toi… Je sais déjà comment les autres réagiront. Ils me traiteront de lâche. Je les entends déjà, Thomas Mann, Bernanos… « Il possédait tout, il avait survécu à tout. Oh, le bel exemple que donne notre Zweig ! » Toi Joseph, tu comprendras que je ne peux plus vivre avec ma bile noire… Singapour est tombée, ils vont venir ici. Un jour, ils encercleront la maison, ils nous feront sortir, Lotte et moi, ils nous feront monter dans un camion à bâche, ils nous conduiront au fond de la vallée, et ils nous abattront comme des chiens. Je ne veux pas mourir comme un chien. Nous ne sommes pas des chiens, Joseph… Mais tu ne réponds pas… J'ai l'impression que nul ne veut plus venir me parler. Pas un de vous ne cherche à me convaincre, ne veut que je renonce. Vous approuvez que je vous rejoigne ?… Ou bien… ce silence des cieux… Vous condamnez mon geste ? Qu'insinue ce silence ? Qu'exigez-vous de moi ?

Vous voulez que je poursuive au milieu des ruines ? Vous me condamnez à vivre ? Cela fait dix années, dix ans que j'endure le soupçon, la terreur, l'épouvante. Dix ans, que j'erre sur tous les continents. Jusqu'où devrais-je aller ? Combien de temps encore ? Je suis à bout de forces… *(les yeux vers le ciel)* là-haut, vous m'entendez ?… Je veux rejoindre vos rivages… Est-ce un crime si terrible ? *(il cherche dans sa poche, sort d'un paquet une cigarette, la regarde, l'allume, tire quelques bouffées. Puis il fait avec la main le geste de disperser la fumée. Il écrase la cigarette sur un cendrier du bureau)* Friderike, toi tu me comprendras. Tu me connais si bien… Toi, tu as tes enfants, ton énergie est intacte. Je ne suis pas du bois dont tu es faite. Moi, je suis du bois dont on brûle les cendres… Tu ne me jugeras pas… On se tournera vers toi, on va t'interroger. Dis-leur que je m'excuse, demande le pardon à ceux que mon geste offense. Ne tente pas d'expliquer l'injustifiable. Dis-leur simplement. Tout m'a été donné, tout m'a été repris. J'ai connu la lumière et puis l'obscurantisme. J'aurai tout vu du monde. Je n'ai plus rien à voir... Et si malgré tout, ils ne comprennent pas, s'ils s'efforcent de me juger, s'il te plaît, demande simplement qu'on m'accorde un peu de clémence.

Scène 6

Dans la pièce baignée de soleil, Stefan Zweig, sur son bureau, écrit une lettre. Il est vêtu d'une chemise marron, d'une cravate, de tennis, d'un pantalon marron. Lotte pénètre dans la pièce, vêtue d'un kimono. Ils ont l'air très calme. Comme apaisés.

LOTTE

C'est un beau dimanche.

STEFAN ZWEIG

Très beau.

LOTTE

Le dimanche, ici, la ville a une atmosphère particulière.

STEFAN ZWEIG

À Vienne, c'est un jour que je détestais.

LOTTE

J'ai donné sa journée à Rosaria.

STEFAN ZWEIG

Elle le méritait… J'aime beaucoup Rosaria.

LOTTE

C'est ce que mon grand-père appelait une « belle personne ».

STEFAN ZWEIG

Tu sais, il me semble connaître ton grand-père aussi bien que si je l'avais rencontré.

LOTTE

Vous êtes très élégant. Gardez cette chemise, elle vous va à ravir.

STEFAN ZWEIG

Et toi, que porteras-tu ?

LOTTE

J'hésite encore, peut-être garder mon kimono.

STEFAN ZWEIG

La robe rouge t'allait bien.

LOTTE

Je n'aime plus la robe rouge. Elle me rappelle de bons souvenirs… Avez-vous terminé votre courrier ?

STEFAN ZWEIG

C'est ma dernière lettre.

LOTTE

Je devine à qui elle s'adresse… Passez-lui mon bonjour.

STEFAN ZWEIG

Veux-tu ajouter un mot de ta main ?

LOTTE

Un bonjour suffira.

Stefan Zweig met la lettre dans une enveloppe et la ferme.

STEFAN ZWEIG

Tu as versé le loyer à Madame Banfield ?

LOTTE

Jusqu'à fin mars. Et j'ai posté votre manuscrit du *Monde d'autrefois*.

STEFAN ZWEIG

Il me semble alors que tout a été fait… Je vais aller chercher de quoi boire.

LOTTE *(soudain plus pâle, hésitante)*

Prenez assez pour deux.

Stefan Zweig se dirige vers le bahut. Il ouvre un tiroir. Il tire une petite boîte qu'il ouvre. Il sort de cette petite boîte deux fioles. Il ferme la boîte, la range au fond du tiroir, referme le tiroir. Il est d'un grand calme. Il va vers la cuisine, il en revient avec une bouteille d'eau minérale. Il tire deux verres d'un placard. Il place les deux verres sur le buffet.

LOTTE *(d'une voix tremblante)*

Voulez-vous de l'aide ?

Sans répondre, il remplit à moitié chaque verre avec de l'eau.

LOTTE *(elle le regarde d'un air effaré. La voix est blanche)*

C'est vraiment un beau dimanche.

Il se saisit d'une fiole, casse l'embout. Il verse le contenu dans un verre. Il se saisit de l'autre fiole, et fait de même. Deux verres presque pleins sont maintenant sur le buffet.

LOTTE

Une bénédiction du ciel.

Stefan Zweig se retourne, un verre dans chaque main. Lotte s'élance vers lui, s'accroche à son cou, s'effondre en sanglots. Il pose les verres avec ses mains en arrière sur le buffet. Il l'enlace.
Elle est en larmes.

LOTTE

Pardonnez-moi. J'avais promis de ne pas pleurer !

STEFAN ZWEIG

Tu peux pleurer, mon amour.

LOTTE

Est-ce qu'il serait encore temps… que je parte ?

STEFAN ZWEIG

Quitte cette maison ! Cours chez les Feder !

LOTTE

… Si je pars maintenant, je vous quitte à jamais !

STEFAN ZWEIG

Nous nous retrouverons.

LOTTE

Vous allez me haïr !

STEFAN ZWEIG

Te détester… toi ? Pars, je te dis !

LOTTE *(hésitante)*

Je vous retrouverai, n'est-ce pas ?

STEFAN ZWEIG

Je serai dans tes gestes, dans tes moindres pensées…

LOTTE *(en larmes, elle s'éloigne de lui, va vers la porte, tout en le regardant)*

Vous êtes le premier amour, vous êtes le dernier amour.

Elle ouvre la porte.

STEFAN ZWEIG

Pars sans te retourner !

Elle disparaît.
Stefan Zweig se rapproche calmement du bahut. Il se saisit d'un verre. Il le porte devant ses yeux. Il remue un peu le verre.

STEFAN ZWEIG

La voilà, au fond, mon éternité. *(il boit, calmement d'une seule et longue gorgée)* Cela n'a pas si mauvais goût…

Stefan Zweig va vers le fauteuil. Il s'assoit, contemple autour de lui. Son visage irradie enfin la joie. Soudain, la porte s'ouvre. Lotte paraît, en larmes, l'air plus désespérée que jamais.

LOTTE

Je ne peux pas vivre sans vous !

Elle se dirige vers le buffet où son verre, plein, est encore posé. Stefan Zweig se relève pour la retenir.

STEFAN ZWEIG

Non !… *(elle se saisit du verre. Il est à deux pas d'elle)* Je t'interdis !

Elle boit d'un trait. Il la regarde comme tétanisé.

LOTTE

Je vous ai suivi partout, toujours.

Il la prend dans ses bras, catastrophé.

STEFAN ZWEIG

Pourquoi as-tu fais cela ?

Elle prend son visage entre ses deux mains. Elle embrasse son front, ses joues. Elle est baignée de larmes.

LOTTE

Si vous saviez comme je vous aime.

STEFAN ZWEIG

Je ne vois plus très bien.

LOTTE *(en larmes)*

Moi, je n'ai jamais vu aussi clair.

STEFAN ZWEIG

Tout s'assombrit.

LOTTE

Je vois une ville… c'est… Vienne. Des boulevards féeriques. Et des accueils triomphaux.

STEFAN ZWEIG

Tout s'emmêle à l'esprit. Le temps d'avant et le temps présent.

LOTTE

Quelle importance ? Le passé, le présent. L'avenir nous appartient.

STEFAN ZWEIG *(hésitant)*

Les mots ne se forment plus dans… ma bouche… Je ne trouve plus… les mots…

LOTTE

Moi, j'entends votre voix.

STEFAN ZWEIG

Sens-tu le vent froid ?

LOTTE

La fenêtre est ouverte.

STEFAN ZWEIG

Mes jambes ne me portent plus.

LOTTE

Agrippez-vous à moi.

STEFAN ZWEIG

Je veux m'allonger… dans la chambre… auprès… de toi. *(Lotte le porte par l'épaule. Ils se dirigent vers la porte)* Je suis… dans les ténèbres. Vois-tu quelque chose ?

LOTTE *(proche de la porte)*

Je vois… une immense… clarté.

Ils disparaissent derrière la porte.

Composition et mise en page

NORD COMPO
multimédia

Achevé d'imprimer en août 2012
dans les ateliers de Normandie Roto Impression s.a.s.
61250 Lonrai
N° d'impression : 122992
N° d'édition : L.01ELJN000446.N001
Dépôt légal : septembre 2012

Imprimé en France